全能型
招聘高手
修炼手册

—— 黄兰兰◎著 ——

中国铁道出版社有限公司
CHINA RAILWAY PUBLISHING HOUSE CO., LTD.

图书在版编目（CIP）数据

全能型招聘高手修炼手册 / 黄兰兰著 . —北京：中国铁道
出版社有限公司，2021.5
ISBN 978-7-113-27735-2

Ⅰ . ①全… Ⅱ . ①黄… Ⅲ . ①企业管理－招聘－手册
Ⅳ . ① F272.92-62

中国版本图书馆 CIP 数据核字（2021）第 026286 号

书　　名：全能型招聘高手修炼手册
　　　　　QUANNENGXING ZHAOPIN GAOSHOU XIULIAN SHOUCE
作　　者：黄兰兰

责任编辑：王　佩　　　读者热线：(010)51873022　　邮箱：wangpei0319@163.com
封面设计：仙　境
责任校对：孙　玫
责任印制：赵星辰

出版发行：中国铁道出版社有限公司（100054，北京市西城区右安门西街 8 号）
印　　刷：北京铭成印刷有限公司
版　　次：2021 年 5 月第 1 版　　2021 年 5 月第 1 次印刷
开　　本：700 mm×1 000 mm　1/16　印张：15.5　字数：229 千
书　　号：ISBN 978-7-113-27735-2
定　　价：59.80 元

前　言

写作初衷 ✎

一天，叔叔给我打电话，让我给即将毕业的妹妹找个工作，然后就有了以下对话：

"姐，我还有 3 个月就毕业了，在职业选择上，你给我点意见呗。"

"你是想做和专业相关的，还是不相关的？你现在有没有意向的职业，你自己是怎么想的呢？"我一连问了她好几个问题。

"我寝室里的好朋友 ×× 上上个月去应聘了一家公司做招聘，我看她这个月工资拿了 4 000 多元呢，让我们羡慕死了。招聘工作具体都做些什么呀？有发展'钱'途吗？"

相信每个职场新人，在实习或毕业阶段，最大的困惑就是职业选择。

根据我个人的经历，人生中第一份工作，以及毕业 3 年内的工作定位，将对你后期职业生涯产生非常大的影响。

从后期求职角度来看，每一家企业的 HR 都会对你简历上的履历进行分析，如果你过往的工作经历不太匹配他们目前招聘的岗位，面试成功的可能性几乎为零。

从职业规划角度来看，一个好的职业规划，可以帮助我们更明确自己的目标，找到自己的定位，从事适合自己的工作，对个人成长和发展都会事半功倍，成功的可能性才会更大。

以上便是我写这本书的初衷。做好一份职业，在选择职业之前清晰的自我认知和长远规划，与不断学习和实践该职业领域的知识和技能，同等重要。

写作背景

我妹妹叫小乔（化名），1998 年出生，三线本科毕业，计算机专业，还有 3 个月就要毕业了，为了让她对 HR 工作有一个全面的了解，我给她看了一份 2019 年人力资源从业者的现状调研报告，并介绍了我对这个职业的解读。

根据 2019 年 HR 从业者数据分析报告，其中有 4 项对于了解 HR 非常重要。

1. 工作重点分布：招聘培训依然是大部分 HR 正在忙碌的事情，同时人才与组织发展的重要性日渐突出。

2. 年薪分布：80% 的 HR，年薪低于 15 万元，HR 薪水普遍不高，但也有 5% 高收入的 HR 年薪突破 30 万元，并且管理序列 HR 比专业序列 HR 薪酬增幅的空间和机会更大。

3. HRD 所需时间：工作 9 年，基本是 HRD 的标准工作年限要求。

4. HR 能力："专业能力 + 学习能力 + 执行力"是最关键的基础能力，"团队管理 + 跨部门合作 + 经营能力"是稀缺能力。

了解完这个报告，小乔问我："那我先选择哪一个模块入手呢？我看调研上从事招聘培训模块的人最多，是不是代表企业很重视啊？"

"HR 的六大模块，每一个模块都很重要，会根据每个企业对这个岗位侧重的要求和重点不同而定。我个人觉得，相比较而言，对企业来说，人是最重要的资产，所以招聘是每个企业必须且重要的基础模块，对个人后期不断进阶和发展而言，这也是一个容易切入和联动其他模块、帮助组织实现人才可持续发展的模块，从而在组织中占据核心位置。所以，你也不能小看这个招聘模块，它最能考验一个 HR 的综合素质和能力。如果你想做一名优秀的 HR，可以以招聘为始，但绝不能以此为终。"

本书可以解决的问题

我希望可以借此书帮助计划选择这份职业或正从事 HR 的同学解决以下问题。

1．WHY 的问题：即为什么要从事 HR，清晰职业规划，选对自己的站位。

成功的 HR 一定都有与岗位匹配的关键特质和对自我清晰的认知。所以，第 1 章介绍的是在你求职之前，先了解这份职业的关键素质和特点，找准你的定位，让你的选择不后悔。

2．WHAT 的问题：即招聘是什么，它包括哪些全方位的内容和流程。

一个好的招聘 HR 一定是快速成长的，而这背后除了个人努力之外，更重要的是要对招聘整体工作作系统化学习和掌握。

这是本书第 2 章的内容，介绍招聘全流程及每个环节的操作要点、注意事项和方法，让即使是新人的你也能快速学会和运用。

3．HOW 的问题：即如何全方位做好招聘工作，完成从"小白"到"招聘管理者"的角色转变。

这是本书第 3 章的内容，介绍的是一些相对高阶的实战经验，比如针对特定的人群及岗位如何招聘，如何绕开一些常见的招聘陷阱，如何突破招聘思维定式，这些都需要在掌握招聘关键技巧的同时，用好必要的管理手段来帮助你完成从"小白"到"招聘管理者"的角色转变。

4．综合能力打造：即完美的招聘管理，不仅在于招人，更懂用人和留人。

这就需要即使是单纯做招聘的 HR 也要有全模块思维，不学习掌握其他模块的基本常识和技能，很难为企业招聘到合适的人才。第 4 章的内容介绍的是招聘与其他各模块的关系，如何互相促进，让你成为一个综合性 HR 的同时，帮助公司更好地用人和留人。

5．HR 管理者领导力打造：即如何从管理好自己，到带领好团队来提升自己的领导力。

这是本书第 5 ～ 7 章的内容，介绍的是通过一些方法帮助你从习惯于"自己做"到赋能他人完成工作目标。

6．招聘面试心理学：管人，其实就是管心。HR 如何提升对人的敏感性，更快速洞察人性，其中少不了对心理学常识的了解。

一个成功的 HR 管理者对人会有更深刻的洞察，更懂得如何看人、选人、识人和用人。本书第 8 ～ 10 章的内容介绍了招聘面试心理学方面的知识。

读者对象

本书主要是写给那些计划从事 HR 职业，尤其是想要快速了解招聘工作全貌的同时掌握系统化全方位实操技能的 HR 新人，以及希望通过更深入、更系统、更高阶的技能，晋级为一名优秀 HR 管理者的招聘专员／主管。

联系方式

因时间仓促，若有遗漏或不周之处，还请各位 HR 朋友们指正并给予宝贵意见。

微信公众号：管理者成长修炼营、lanzhiyun529（个人微信）。

编者

2020 年 12 月

目 录

第 3 章　一学就会的招聘实用小技巧 /80

第1章

清 晰 职 业 规 划 ， 选 对 自 己 的 站 位

1.1 什么样的人适合做招聘工作

HR 职业，尤其是侧重招聘工作，并不像小乔或刚从事招聘不久的 HR 想得那么简单。

那究竟如何评估自己是否合适，该习得哪些通用技能，在不断变化的 VUCA 时代，打造自己的竞争力，又该掌握哪些核心与差异化的"不变应万变"的能力？

我先调研了身边正从事招聘工作的小伙伴，大多是因为以下原因进入这一行的。

第一类是岗位需求量大：目前和招聘类相关的职位招聘量最多，有些虽然叫"人事专员 / 主管"，其实还是以招聘为主；此外还有"招聘实习生、招聘助理 / 专员、招聘主管"等职位，包括猎头、招聘中介都与人才的搜寻和猎取有关。

因为就业机会多，所以做起了招聘。

第二类是薪酬空间大：招聘岗位类似企业里的营销角色，很多企业会通过招聘"计件"的方式来激励招聘人员，使得招聘岗位到手的收入比传统的人事岗位要多，而且招聘做好了转行做猎头或自己创业开人才中介公司，转型的机会与收入增幅的空间更大。

因为物质的刺激，所以做起了招聘。

第三类是综合考虑：因为做招聘，认识的人越来越多，人际关系资源在不断增加，有利于自己后期的职业多样化发展；很多初创型或发展中企业需要大量的人员供给，导致 HR 的工作重心更侧重于负责招聘工作。

虽然选择从事招聘工作的 HR，有各自不同的原因与诉求，但不排除也有很多人是在随大流，或是在很盲目的情况下选择了这份职业，从而在后期可能会因为模块技能单一，且对招聘全局没有一个正确、系统的认知，加上本就不喜欢而选择了放弃，这将对个人职业生涯的沉淀和发展产生很大影响。

所以，我建议初入职场者在从事任何职业之前，除了自己的利益诉求和喜好之外，更需要对从事的职业有一个全方位、系统的认知，进而帮助你的职场之路走得更顺遂。

对于招聘官这个角色，它有哪些特点，更适合什么样特质的人，以及如何选择适合自己的企业从事适合自己的工作，这一章会给大家细致解答。

1.1.1　一个优秀的招聘官最基本的"人才画像"

第一层："看"表象层。

即这个人的性别、年龄、身高体重、肤色，穿着打扮、教育背景以及专业等。

一般来说，从事招聘工作对性别没有特定要求，各有优势。年龄如果在30 岁以上不建议仅负责单一招聘模块，而是在深挖招聘的延展知识，提升招聘全方位硬实力的基础上，做全模块管理。

教育背景据调研数据表明，大专和本科为主，有工商管理硕士、MBA 或心理学背景更佳，同时专业不限，以人力资源、经营管理、市场营销专业尤佳。

个人形象上，从宣传企业雇主品牌，吸引人才的角度，形象良好，谈吐大方的人更受企业青睐。

第二层："观察"，行为习惯层。

即这个人的日常爱好、交流方式，经常出现的地方，喜欢采用何种方式获得信息，喜欢与什么样的人交流等。

做招聘的 HR，不限性格，内外向都各有其优势。但有一点，因为工作的性质，需要他有更开放的意识，喜欢与人沟通，乐于与人分享，并且对新鲜事物有好奇心，有尝试和学习的意愿。

第三层："分析"，心理需求层。

即考虑清楚从事这份职业的最终目标是什么，是觉得这份工作门槛不高及稳定，是被动接受公司的安排，还是想在此领域有更大发展，实现个人的价值。

你的目标决定了你愿意为之付出多少努力，能够坚持多久，也决定了你能在这条路上走得多远多高。

有关统计数据表明，那些有明确发展动机的人，对自己会有更高的要求，会做出更多有利于目标实现的行动，成功的可能性也更大。

所以，如果你从内心里认可这份职业，便能在遇到困难与挫折的时候，不后退，不气馁，享受工作带给你的乐趣和不一样的成就感，那么，这才是正确而合适的选择。

1.1.2 一个优秀的招聘官呈现的几项重要"特质"

（1）主动性。

虽然做任何工作，都需要有很好的主动性，而负责招聘工作，这一点会尤为的突出。

试想两个场景：

员工 A 和 B 分别是两家同行业的企业 HR，也同时在招一位业务经理，需要这名新经理开拓公司一块全新业务，这直接影响公司下半年的业务增量，对公司极为重要，公司要求是两个月内招聘到位。

员工 A 操作如下。

每天上班后便开始刷新网站职位，再看看有没有投递的简历，如果有就进行电话邀约面试。如果没有，就再多发布几次职位广告，朋友圈再来发一遍，中午与同事吃饭的时候鼓动同事帮忙推荐。

两个月过去，约了 10 个人，5 个人来面试，提供老板复试 3 个人，都被老板淘汰了，结果没完成任务。

员工 B 操作如下。

在几个不同时段刷新，做推广广告，发现投递简历还是很少，主动了解这块新业务目前市场上的人才情况，主动邀约合适的候选人沟通，同时每天主动和老板汇报。一个月内面试了 15 名候选人，复试 8 名，只有 1 名可储备，老板还想再看看。

于是，员工 B 主动和老板沟通，根据这段时间的招聘结果和自己了解的情况来看，因为是一块全新业务，这个岗位的招聘难度较大，如果只通过公司内部自己解决，至少需要两个月以上，为了不影响公司业务，建议同时启动外部合作商。

经过员工 B 不懈的努力，终于在规定时间里选拔到位一名符合企业业务要求的业务经理。

如果你是这家企业的老板，你是希望用 A 还是用 B 员工？毫无疑问，当然选用 B 员工！员工 B 会主动思考，努力解决问题，及时、主动与上级沟通。正是这份主动性，帮助他为企业招聘到人才，比同行及竞争对手更快地占领了市场。

（2）韧性。

招聘工作不像薪酬绩效，是有固定时间周期的，它更多是一种持续性的工作。同时也会有很多的不确定性，比如企业面临扩张或人员突然离职等。紧急要人的时候，需要你有很强的抗压能力，随时做好接受挑战的心理准备。同时，招聘既是一个专业活，也是一个体力活。根据企业及任务需要，会涉及出差，甚至加班招聘有时也是常态。

更考验人的是，辛辛苦苦跟踪的候选人，会突然放你"鸽子"，让你原以为可以完美达成招聘任务的时候给你一个措手不及。如果这个人选是公司一个很重要的岗位，你也付出了很多的时间和精力，这个没有料到的结果多少会打击自己的自信心，使工作情绪受挫。

此时，如果不能吃苦，不能扛事，心态不端正，就可能因此失去信心。有韧性，用你的初心去面对，才能坚持下来，更好地去精进和提升自己。

（3）目标导向。

有一次，我面试了两名实习生，都来应聘招聘工作，在面试沟通结束后，我问他们"还有需要我解答的问题吗"。

实习生 A，她想了一会问："咱们这个岗位日常做哪些工作呢，公司有没有系统的培训，有没有师傅带呢？"

我回答她之后，又转问实习生 B，她看着我问："咱们对实习生每月招聘的要求是什么呢，都主要招哪些岗位，目前公司都通过哪些渠道在招聘，每个月招聘如何考核？"

两人都没有招聘经验，但态度积极，意愿度很强。在我录用了两人以后，两周的时间实习生 B 就成功招聘到位一人，而实习生 A 毫无战果。

你会发现，目标导向的人，做任何事情之前，会先思考做这件事情的目的是什么，然后想好行动的方法和计划。

目标清晰的人，思考问题全面的同时，更直达重点，达成目标的可能性大大提升。尤其在一个对招聘需求量大且紧急的企业，会显得更加重要。

（4）阳光心态。

有一次，在给团队复盘一周的招聘结果，本身处于招聘淡季且招聘的是电话销售岗，小张和小李的招聘数据差不多，都不是很好，我让他俩各自总结分析。

小张情绪很低落地说："这个人我整整跟踪了一个多月，先是和我说一个星期后来面试，后面又说家里有事来不了，现在直接把我微信给删了，真是气人！怎么还有这样的人，你不来可以说一声，不感兴趣也可以明讲啊，搞得我这一个多月的时间白浪费了，下次让我遇到我也给他拉到黑名单！"

我看了一眼小李，他笑着说："现在是淡季，网站上无论是投递还是主搜，简历很少也很正常，我建议可以利用这段时间做一个有激励的内部推荐，重点宣传一下，怎么样？"

事实证明，有着较好心态的小李，进步非常快，并且这种好心态让上级省心放心的同时也能带给他人正能量，这对招聘工作极为重要。

一个人的心态，可能是天生的性格所致，也可能被后天的环境影响。一个有着阳光心态的人，会有意识地去屏蔽那些负能量，会主动去做自我的心态调整，以更好的精神面貌、积极的行动去促成自己的目标达成，从而完美地完成公司交付的任务。

1.2 如何获得心仪的招聘类岗位 Offer

一天，小乔一脸苦恼地跑过来找我，她说在网站上投递了好几份简历，但都没有任何音信。倒是很多其他小公司打电话让她去面试，还有很多销售岗的邀约。了解后才知道，原来她投的都是大厂的招聘专员。

我听到她的苦恼后首先肯定她，我说："既然你确定从事 HR，也很重视第一份工作，想有一个好的开始，这很好。但是你也要想想，人家大公司用你，也需要有理由啊，你一个本科毕业生，非人资专业，也没有经验，而且还直接应聘专员岗，人家为什么要给你面试机会呢？"

"我肯干啊，我会努力学习的呀，而且我想好了干这个就会一直做下去啊！"小乔想要辩解。

"我理解你的心情，但这不管用！"我直接给她泼了冷水。

"那你赶紧告诉我要怎么做才能拿到大公司的 Offer 呢？"

然后我就给她分析了以下这几项拿到"心仪 Offer 法宝"的关键，分别是"产品、营销、渠道"。

1.2.1 你的"产品"是什么

这里的"产品"就是围绕你个人能提供及展现的东西。

首先是你的简历本身。

招聘旺季时，HR 每天会看几百份简历，而让人眼前一亮，立马有冲动给其打电话的不足 10%，除非过往的工作履历非常匹配。

简历就是一个人的名片，而很多人并不重视个人简历。

大多数人的简历都做得很普通，更别提还有部分简历上会出现错别字、必要内容不完整或重要关联信息缺失等低级错误。

殊不知，这反而凸显了一份优质简历的重要性，它会很快抓取到 HR 的注意力，让你脱颖而出，而获得那个难得的面试邀约，这是关键的第一步。

对于 HR 来说，从一个人的简历里可以发现大量隐性与关键性岗位胜任素质关联性要素的内容。

比如时间要素：你何时开始工作，目前干了几份工作，每一份工作的时长，是否有断档，都会影响 HR 对你的预判。

比如职业倾向：是首次从事招聘工作，还是转型做招聘，以此判断你的职业定性和稳定性。

你的成长要素：一名从业 3 年的人力资源员工若还没有被提升为专员，招聘的内容还停留在基本的日常固化的事务性工作上，就是迟缓了。

技能要素：看企业所招聘的岗位要求，是需要一个 HR 实习生就可以，还是需要有经验，定位为一名有招聘管理经验的主管或经理。

如果是没有经验的人选，一般 HR 更多会注重这份简历的"教育背景信息、整体完整度、美观度、实习或学生干部的经验、对自我的评价"这几个方面。

教育背景可以看出一个人的学习能力，而简历整体完整度、美观度，展现的是你这个人的细心和用心，对待个人简历的态度也从另一方面折射出他是否做好了走向职场的准备，有没有基本的职业素养。

我曾看过很多实习生的简历，工作经历一项那里只有几行不完整的描述，甚至完全空白。

可能会有人说，没有工作经验怎么写呢，那实习经验总是有的吧，如果连实习经验没有，在学校参加的一些项目或活动经验也是可以进行描述和展现的。

而实习经验你要突出的，一方面是和你现在应聘的这个岗位内容有一些相关，比如即使没有做过招聘，但你有在学校里做过兼职销售或举办一些活动能够展现你擅长沟通协调的经验。即使工作内容不同，但同样能展现两者之间的共性特质，即"善于且乐于与人沟通、有较好的适应能力、抗压能力"，可以通过具体的案例，取得的成绩来展现你这些与岗位匹配的优秀特质。同时内容描述不仅完整，且逻辑清晰，很有条理性，就是加分了。

自我评价是 HR 想了解你是一个怎样的人，是否与岗位匹配。自我评价切忌那些虚大空的东西，比如我就看到只有一两年工作经验的新人说自己有很好的管理能力，就显得有些自负。尽量依据个人实际情况选择一种朴实而务实的描述，通过案例的形式来展现你的强项和亮点。

因为 HR 担心容易骄傲的学生吃不了做招聘的苦，而更愿意录用那些踏实肯干的人。

如果有 HR 经验的你，简历上最需要突出的是"你过往的工作成绩有哪些，给公司带来哪些价值等方面的体现"。

能量化的量化，不能量化的过程化，量化的时候注意以下几点。

一是要有整体招聘全流程闭环数据。比如你描述曾经一个月招聘 XX 岗位 100 人，年度为公司招聘 500 人，从加入公司时的 40 人到离职时的 400 人，年度招聘达成比是多少，人员留存率是多少，试用期通过率是多少，A 等绩效的人员占比情况等。

二是要做好能够验证结果的准备。简历只是敲门砖，面试时才是验证你实力的时刻，你只要有真本事，才不怕深挖，不仅有真实实践的经历，也需要较好的思维逻辑和沟通表达能力。

不能直接量化最终结果的尽量描述那些有亮点的过程。比如花了多少时间为公司更新了招聘流程，给某项目做了一套招聘方案，给业务提供了哪些援助和支持的案例等。

一份简历还会无形中透露你的性格特点、你对自我的认知、你的成长性，你的沟通和人际要素。

当你的"产品"通过简练准确的语言描述得可量化、可视化，才能让对方产生信赖。且当你简历中的这些重要而关键的信息，能够匹配到招聘企业的岗位要求，才是一份优质的简历，获得面试的机会大大提升。另外，"产品"的另一个体现就是你个人本身。

比如面试前的充分准备，个人形象的落落大方，态度的主动积极都会让你在面试中有一个良好的表现，给面试官留下深刻的好印象，这对你最终的面试结果有很大影响。

1.2.2 如何营销你的"产品"

营销之前，先要懂你的客户，他关心什么，你如何沟通才会有更好的效果。

了解你投递的企业，是一个什么样的风格，是比较开放的互联网企业，还是严谨的高科技企业，不同的行业和企业有它不同的调性。

如果去互联网企业应聘，你穿得过于正式，会显得与活泼的氛围不搭；若去一家投行企业，职业化的装扮总会显得你更为专业。

研究证明，良好的外在形象，不仅是面容、衣着、举止，还有你神态自然，谈吐落落大方，都会让自己显得更从容自信。

有人说，其实在你进入面试中的那前 5 分钟，就已经让面试官对你是否适合这个岗位有了一个预判，后面的时间其实就是用来验证他对你的判断。所以最开始的这 5 分钟更多是对方对你整体的一个感官认识，这也是首因效应的强大之处。

既然有面试的机会，说明简历一关是基本通过的，关键是你的现场表现。

首先整体形象言谈举止让面试官对你产生好感，其次就是你与面试官的互动过程。互动过程让他感觉你是真诚的、主动积极的、自信而热情的就能给你加分。

我遇到过一些简历很优秀，但一见本人，不仅形象邋遢，还在互动过程中离题万里，你也不知道他想要表达什么。

当你遇到一个很有表达欲的面试官，你就真诚地看着对方认真倾听。如果你遇到的是一个冷静严谨的面试官，你也同样要懂得克制，不急躁，想好自己要表达的内容，有条理地说出来。

如果对方提问的问题你实在回答不了，就坦诚地说明自己没有遇到过，不贸然给意见，还请多指教，并且回去以后弄清楚。

面试的营销之道是，首先，面试之前你一定要做好充分的了解和准备工作，做到知己知彼；如果没有做好准备，即使和对方改约时间，也不要贸然答应而浪费一个难得的面试机会。其次，适度正确地营销你自己，围绕对方关注的点营销你对应的特质，自然会取得对方的信任和认可。

1.2.3 通过哪些渠道推销自己

你会发现，那些销售很好的产品，除了产品本身优质之外，一个很重要的方面就是推广它的渠道很多，无形中增加了客户购买的概率。

同样，你应聘心仪的企业，如果仅仅是通过传统的个人投递简历，难度会很大。

一般企业空缺岗位的停留时间不长，而企业也不仅仅只是从网站这一个单一渠道上去获取简历资源。

所以，你要多渠道铺开你的求职之路，在更高效的同时提升成功率。

除了在该企业的网站上投递简历之外，你还可以主动与企业的 HR 或招聘人员沟通，如果电话是前台的，你可以通过迂回的方式让对方帮你转接到人力资源部门。

即使接通了，对方还是会要求你按照正常程序投递简历，但几分钟的电话沟通里你和对方报了你的姓名，住的离公司很近，有相关经验，HR 对你的印象会更深。

我曾经就遇到过一个求职者，当时那个职位已经有了确定人选，可没想到那个人选临时变动不能来报到，这个时候岗位又很急，那我第一个想到的就是那个曾经主动给我打电话想得到这份工作的人，当然前提他也是相对合适的。

还有一种方式，就是你问身边的同学、朋友，有没有认识这家企业的 HR，或者加入一些 HR 的群，里面进行关键词搜索，有时候也会有意外惊喜，群里正好就有那家企业的 HR，通过这种第三方或特别渠道的方式投递对方简历，面试的机会就更大。

很多时候，能够拿到自己想要的 Offer 需要你在求职时更主动积极，且多渠道铺开去营销自己，通过你的不懈努力，在对的时间把握住机会。

做一个有心之人，你自然就有很多可用的方法，去达成你的目标。

1.3 职业、行业、企业，哪个更重要

一天，小乔很开心地过来找我，说现在手里有两家不同行业不同企业的 Offer，不知道选哪个更好。

我笑着和小乔说："你算是问对人了。有我指点，能够帮你更好地认识自己，做好职业规划，在最初就选择适合自己的方向去努力，远远比盲目的随波逐流，更好地达到想要的结果。"

1.3.1 不知道如何选择

很多职场人在面对职业选择时，有很多困惑。

- 是去大城市还是小城市？
- 是先考虑大公司还是小公司？
- 是本专业还是跨专业？
- 是选择考研、留学还是创业呢？

选择越多，我们越茫然。面对多种选择的机会，我们如何确定最适合自己的方向和目标。

大部分人都会觉得，关于个人发展，职业是第一位的。也就是毕业后先确立职业，再在这条路上走下去。

那就不妨先看看下面的这个故事。

小王是班上最活跃、成绩最优秀的学生，担任学生会主席，平均成绩 95 分，英语已过专业八级，堪称优秀。

小张是学生会副主席，平均成绩 80 分，英语已过六级，比较优秀。

小李，相对就逊色了，普通学生，平均成绩就 75 分，英语仅过四级。

而最后这一位小明同学就是如我们常见的普通同学中的一个，平均成绩

只有 61 分，还有挂科经历，英语四级没过，还在补考，算是马马虎虎毕业了。

毕业后，如大家所预想的那样。

小王挑了一家大型制造型集团企业，资产总额 10 亿元，拥有 14 家子公司。

小张选择了一家本地龙头的家电企业。

小李去了一家规模不大、公司名字绝大多数人都没听过的房地产企业。

而小明同学则去了一家只有十几个人的小公司，做的是网络。

4 个人毕业时的工作和他们在大学的成绩是有关系的，而他们个人的薪资水平，也依次是小王、小张、小李和小明。没有人会怀疑他们的前途。

大家都认为，在未来的发展中，公司越大，平台就越高，个人发展得就会越好。

然后，10 年后，结局是这样的。

小王所在的制造型集团企业于 2008 年破产了，而已做到中层的小王经历了下岗、失业和再就业，目前在另一家制造型企业工作，年薪 5 万~6 万元。

小张所在的企业经历了家电行业的快速发展壮大直至衰落，目前是业务副总监级别，年薪 10 万元左右。

小李所在的房地产企业，在过去的 10 年间快速发展，并被房地产巨头——万科收购。目前他是总监级别，年薪 50 万元左右。

而最不看好的小明同学，目前已经是那家网络小公司的副总裁，年薪 80 万元以上，更重要的是他的股票期权价值就达几千万元以上，而他当年去的那家小公司现在叫百度。

在这个案例中，为什么他们的职业发展和十年前的预期有如此大的差别呢？为什么他们的人生道路和十年前的职业目标发生了如此的惊天逆转？

因为决定他们命运的不是所谓的"职业选择"，而是"行业"。

职业是战术层面，而个人的发展一定要紧紧地把握住行业的脉搏，这才是战略层面的。只有战略正确了，战术才有意义。

"站在风口上，猪都会飞"，找到风口，顺势而为。

所以，与其纠结选择前面那些关于"城市、公司规模、专业还是方向"的问题，不如好好将自己放入大环境，考虑"如何选择行业"。

1.3.2 好行业，数据来说话

什么样的行业才算是一个好的行业？数据最能体现实力。

简单的两个数据维度就可以窥见一二。

一个是"行业平均利润率"。比如两家公司，一个维持在 5% 以内，而一个总是在 15% 以上，你说哪个行业更好？这就很显而易见了。

还有一个是行业规模 / 收入。一家公司 1 年最多只能做到 5 000 万元的营业收入，而另一家 1 年轻轻松松就是 1 亿元以上。对比之下哪个行业更有长远的发展也就很容易分辨出来。

有一个朋友他之前的公司利润率在 20% 以上，作为销售的他轻轻松松就能月薪过万。后来因为公司内部钩心斗角让他一气之下离职，去了一个新的行业。可没想到在这个行业待了 1 年后才了解该行业的平均利润率都在 10% 左右，他每天跑客户，累死累活也很难超 1 万元。所以最后只能果断辞职，但这中间浪费了多少时间，机会成本带来的损失也是巨大的。

对于 HR 来说，选择一个好的行业，不仅关系到你的个人发展，还非常影响你的工作难度与成效。

试想，一个低迷受限的行业，能吸引多少优秀人才呢，对于 HR 的招聘与人才吸引就变得更难。HR 能力再强，老板再出色，也抵不过别家公司高出几倍的薪酬诱惑，这就是现实。

而当行业利润薄，老板自然就会采取成本战略，想着法子控制成本，HR 的各项工作自然也是围绕这个展开。这也决定了 HR 做的都是事务性、琐碎的劳心劳力的工作，个人的眼界和见识也会受之影响。

1.3.3 行业的周期性，决定了你的工作方向

有人会问，到底哪些行业才是好行业，是金融、制造、房产、还是互联网。这个不能一概而论，所谓的好行业，或者说主航道行业，离不开它的时代背景。

比如20世纪末钢铁、家电行业获得超额收益的概率很大，而目前芯片、新能源汽车、人工智能、高端制造似乎是好行业的代表。因为不同的时代背景，决定了社会经济发展和资本的方向，并且每一个行业也有它的周期性，没有一个行业会永远处于高速发展或一直衰退的状态。

所以，对于职场人来说，除了要看行业的大方向，长远发展前景，也要看当下它所处的阶段。

一般会有初创、成长、成熟、衰退这4个不同的阶段，每个阶段都有不同的特征，这对HR的要求也是不同的。

比如处于初创的行业，公司的重点更多是围绕生存展开，销售成为主导，关注短期成效。HR的工作重点是在有限的资源及条件下做更多降本增效的工作，同时又得招募有创业精神的优秀人才，因为这样的企业非常需要一个人顶几个人用。

一个HR朋友之前就在这样的状态中工作了一年，后来不得不辞职，因为没有一个晚上是早于10点回家，她担心这样下去连自己的孩子都不认识自己了。

但这不代表这个行业就不好，如果是一个毕业没多久的职场新人，则是需要积累更多工作经验，锻炼个人综合能力的时候，这样的状态或许对自己就是一种非常必要的历练和成长。

对于成长和发展这两个阶段算是度过了生存期，而进入快速成长和发展的阶段，对于企业来说，管理则成为重点。

比如需要制定相对完善的制度、预算、政策，有清晰的组织，有明确的公司使命，同时开发员工培训项目、薪酬管理系统和激励系统，实现制度化和系统化。这对HR来说，可施展的空间与机会更多，但同时对HR的综合管理能力要求也会更高。

总而言之，这和HR个人的年龄、家庭情况，以及你的需求有关。没有绝对的好或不好，而是在选择之前，先清楚明白岗位要求，再看自己是否适合，才是明智的。

有一个关于保守择业的原则、有两个平衡维度：一个是行业；一个是职业。即你要么一直在同一个行业里去转换不同职业，由此积累和沉淀你的行业经验、人际关系，这将是别人很难超越的；要么是在不同的行业里一直从事同一种职业或职能，你获得的该职业能力的深度和广度也将是你的核心能力所在。

所以，对于一个职场人来说，虽然选择适合自己的职业非常重要，但选对行业，会更重要。因为好的公司是在好的行业里面遴选出来的。

职业是战术层面，行业才是战略层面，决定了你未来巨大的势能，同时根据自己具体情况而定，选择适合自己的才是最明智的。

1.3.4 企业 + 岗位 + 老板 + 个人结合考虑更佳

当我们选择进入正快速奔跑的跑道（行业），准备从事适合自己的职业之前，还有几个方面的因素对你的成长和成功也有非常大的制约影响。

首先是企业本身，在同等条件下，"头部企业"带给你的价值相对更大。

头部企业除了给予你光环，给职业生涯增添亮点之外，头部企业会聚集更优质的人才和资源，更公平科学的组织机制和更多发展的机会。你在其中，无论是向优秀的人学习更多宝贵的经验，还是积累更多人际关系和资源，以及看问题的方式和眼光也会不同。

其次，要看你目前的岗位本身你能从中获得多少成长经验。

很多头部企业也会存在一些非核心，或"危险系数"较高的部门及岗位。

获得多少成长和发展，80% 靠个人，但也有 20% 是由企业的文化、当阶段的业务需要等决定的。如果只是一个替代性非常强的工作岗位，工作内容只是在纯粹地消耗你的劳动力，而不是你的智力、才力和擅长的能力，成长就非常受限。

若加上有一定的危险系数，你被裁员的风险就很高，那这样的所谓"头部"企业，对你的意义就不大。

最后，结合当下自己的现状，选择一个好老板 / 好上级。

这里的"好"对每个人的定义都不同。我个人理解是"能看你所长，用你所长、心胸宽广能包容、有企业家精神让你跟随他可以一同持续发展。"

我们都说，找到一个好老板/好上级非常的重要，对你后期的发展有很大的影响。

比如阿里巴巴的童文红，她的成功虽然与其个人的睿智和努力坚持分不开，但如果换了一个老板或许就不是今天的她，或者马云选择的是另一个和童文红一样的员工，那成功的机会不属于她。

跟随一个好的老板，宏观上有好的发展之外，微观上对你日常的处事方式、看待事情的思维角度，甚至个人正确价值观的塑造上都有帮助。因为一个不好的老板，可能会习惯看人所短，信任人的成本非常高，以及很难有足够的心胸与格局看到一个人的潜能，更别提能把企业做大做强。

当我分析完这些，小乔重重地点头，我让她回去先自己思考、综合评估一下再告诉我她的想法和决定。

每一个人的决定权都属于自己也应该属于自己，只有你在参考别人意见的基础上，客观分析自己，清楚自己到底要的是一个什么样的职业之路，才能少走或不走弯路，通过自己的吸收理解、思考和权衡最终做的决定，即使后悔，那这也是成长必须要付出的代价。

1.4 工作如何选择，才能不后悔

有一句话，是这样说的，职场中95%以上的人对自己目前的工作都不是非常满意，若有更合适的机会，我们都会成为"有缝的蛋"。也就是说，只要有"更好的机会"，在可能得到的情况下，个别人的趋利避害以及贪婪的本性都会让他选择这个新的机会。

但往往，大多数人的现状是这样的：因为没有理智地分析及理解到位什么是"真正的好机会"，把一个并不好的机会当成是好机会，而换职或跳槽失败。

还有人很清楚自己要什么，以及正好有适合的机会，而不顾一切地去争取和获得，但那些是否就能带给你真正的满足和幸福呢。

毕竟，工作只是人生的一部分，收入也只是你价值感的体现形式之一，追求有保障和质量的生活的同时，个人及家庭获得满足和幸福感又何尝不重要。

1.4.1　如何选择一份适合自己的工作

首先，需要基于自己的了解和需求。

看似很简单。但很多时候，我们并不清楚自己真正想要的是什么？或是往往把那些对自己并不是很重要的事情，当成了以为自己应该要做的事情。或是你想从工作中得到哪些你所期望的。或是你想从工作当中寻找什么样的意义。

比如，对于从事招聘工作，是因为你身边有更多人都在做这个工作，还是你个人很喜欢，如果是后者，因个人内心的驱动去选择的职业会更容易坚持下去。以及目前这个阶段，对于这份工作的诉求，更多在收入上还是更侧重于积累经验。因为一份工作很难满足你全部需要，当你有了合理的预期，才有后期的满意度。

这是你做出适合自己选择的第一步，也是非常重要的一步。

其次，把自己的具体需求，一一列出来，越详细越好。

我们会发现，我们对于工作的需求会有很多。

比如，工资高、福利好；工作稳定有保障；人际关系良好；工作环境舒适；能充分发挥自己的能力和特长；社会需要与贡献大。

最后，做一个排序。选出对你最重要的前两项，再选出对你最不重要的两项，把它排除掉。

比如对于一个招聘的新人和一个资深招聘主管，在选择工作时的重要排序就会不同。

对于新人来说，相比较工作的稳定，会更适合选择那些能够提供自己全方位锻炼机会，高成长空间和环境的企业。而对于资深的有工作经验的招聘主管来说，岗位的收入及福利，工作的稳定性会是他最想要的。

梳理这些条件，选择的过程中其实就在理顺自己的职业价值观。慢慢地，可能你就明确了这份工作对于你的意义。

当然，很多条件是相互矛盾的，你选择了这一项，就意味着你是要放弃另一项才能来获得。

所以你要找出对你最重要的那个条件，即使最后没有达到你的预期，但这是你的选择，你要自己去调整这个心态，并为其买单。

1.4.2　以整个人生为轴，你会豁达而不纠结

比如有人会有很多的选择困惑。

- 是坚持自己目前很好的工作，还是跟随另一半去挑战新的机遇？
- 是接受公司目前薪酬更高更有挑战的新岗位，还是维持现状，备孕做一个新手妈妈？
- 是先从单模块再延展到全模块，还是直接从全模块开始？

如果你只在当下来思考这个问题，无论哪个选择都很难让你心甘情愿。

因为既然这个选择让你如此纠结，一定是两边的选择都各有其优势和不足，如果很明显一方有足够的优势，你就会很快速地做出决定。

如果你以整个人生为轴，将你的职业规划做一个中长期的清晰规划时，一切或许就会明朗很多。也就是，你要有"远见"思维。

但大多数人会严重低估一个人职业生涯的长度，将职场生活视为一份工作，而不是一段职业生涯；将过多的注意力放在近在眼前的下一步上，而不是整条路径。

对于 HR 来说，需要了解职业规划的相关内容。人的一生主要有 3 个非常重要的职业生涯阶段。

第一个阶段是 25 ～ 35 岁，积累阶段，需要时间和情感的投入，这是最为重要的打好基础，建立良好早期习惯的阶段。

这个阶段，可能相比较当下你花更多时间只为获得一份不错的收入，更应侧重于你的学习时间的投入和自我的投资，打造个人核心技能会显得尤为

重要。所以，你是选择现在就挑战更高职位还是先完成人生大事，这个不是关键。而是你的这个选择是不是你当下最重要的事情，失去了可能就再也没有机会，以及这件事情本身带给你的哪些对未来有足够的影响。

比如你决定从事 HR 这个职业，对于是先选择招聘单模块还是全模块这个不是重点，重点是目前你手上的机会是不是适合现阶段的你。

因为 HR 职业不仅涉及全模块的技能，同样也会涉及跨学科的知识，而你都有足够的时间在这个阶段去做适时的调整和完善。但如果是选错了方向和职业，则对后期的转型和发展影响较大。

第二个阶段是 35 ~ 45 岁，是属于释放的阶段，具备建立系统体系的能力，在自己的甜蜜区专注于长板，发挥你优势的阶段。

这个时候你需要忽略你的短板，需要集中时间和精力放在你的长处上，一切围绕你的长处去规划和制订你的目标，让它一点点带给你成就感的同时，获得你想要的收益。

比如优秀的 HR 做到这个阶段，会有很多其他路线的发展，有和 HR 直接相关的，比如猎头、招聘总监、人才发展总监、人力资源专家或顾问，也有转型做咨询、职业讲师、作家、自媒体、教育。前提是你已在第一个阶段积累了大量的实战经验、相关的知识技能，包括人际关系的积累，且能发挥你个人的优势。

第三个阶段是 45 岁以上，依靠正确的选择和不断积累的资本，不断收获你的成果。

当你在前两个阶段，打好了基础，对自我有一个清晰的认知，制订和践行了短期和长期的职业规划目标，会很坦然面对和接受你现在的一切，相信这个结果也不会太差。

同时，除去一些客观原因和机遇的问题，个人的性格与价值观也会受影响。

若你的性格天生就比较悲观，那无论哪种选择，你看到的都是负面信息，怎样你都不会满意。我们需要克服自己的心魔，比如胆小、贪婪、悲观。

如果胆小，就不敢去争取属于自己的机会。

如果贪婪，会无视现有的宝贵而贪念假象的美好。

若悲观，即使你已经拥有了别人没有的财富，你也觉得只不过如此。

有一句话说得好："无论哪一种选择，即使是失败的，也能从中找到正面的意义，那也是另一种成功！"你的每一次选择，也决定了不可能百分百的成功或失败。它是一次机遇，同时也是一次风险投资。而你要做的，就是在选择之前，对自我认知做到位，对选择的工作全面了解，以及用一份积极阳光的心态去面对，踏实而努力地走好每一步。

第2章

招 聘 之 前 ， 摸 透 招 聘 全 流 程

2.1 招聘全流程：绩效导向的闭环管理

一个周末，小乔来找我倾诉她入职一个多月的感受。她选择去了一家互联网公司做起了招聘实习生。

"我这才入职1个多月，基本上每天都要到晚上八九点才下班。"小乔有些苦恼，看得出来估计和之前她料想的不太一样。

"那你加班都做些什么呢？"我问她。

"发布职位、搜索简历、打电话邀约，做招聘报表啊。我现在还没有正式面试的资格，不过偶尔我自己约过来的人，我也会简单地和对方聊几句，感觉还不错，哈哈。"小乔讲到这就笑了，看得出来她虽抱怨辛苦但还是有乐趣。

"公司给你培训了没有，你现在对招聘工作整体可有一个清晰的认识？"我切入正题。

"刚进公司就培训了1天，我就上岗了，因为这个月公司要完成100多人的招聘任务，完不成的人都要扣绩效，还好我现在只拿实习工资没得绩效可以扣。"小乔吐吐舌。

这1个多月的时间，她全部沉浸在新工作的忙碌和新奇的感觉中，哪有时间和精力熟悉整体工作呢。而且对于新人大多公司通常也没有太多时间去

提供细致耐心地辅导和培训，更多还是靠他们自己去摸索和实践。

我想了一想，对小乔说："你刚刚提到绩效，尤其是招聘岗的绩效不仅影响到个人收入，更对公司整体组织绩效产生很大影响，你有这个绩效的概念就很好。"我想更多还是要鼓励她。

"那怎么样才能拿到更好的绩效呢？"小乔问我。

"每个公司对于招聘岗位考核的绩效都有差异，首先你要了解招聘的整个流程，以及每个流程节点的绩效要求。这样吧，我一条条给你讲解一下。"

小乔听完来了兴趣，还拿起了本子和笔。

2.1.1 为什么要有招聘全流程思维

我面试过很多来应聘招聘专员或主管的同学，发现一个现象，并不是做主管或专员的工作时间长，经验就丰富，收入就高。

之前我招一个招聘主管，有这样两个人选。

一个是有 5 年工作经验，3 年招聘经验的小李，在一家 50 人不到的销售型企业做招聘主管。

另一个是人力资源专业本科的小王，在一家上千人的大型企业做招聘专员，不到 3 年的招聘经验。

如果你招一个招聘主管，你会选择哪一个人选？

大多人觉得小李更合适，因为有更长的工作经验和招聘经验，并且目前已经是招聘主管职位。

然而，经过面试的沟通，结果是小王比小李更合适。

小李所在的原公司招聘工作粗放，招聘业绩只有简单地完成率，技能单一，且目标不清。

而小王所在的原公司已建立了完整的招聘流程和规范，他招聘过不同种类的岗位，且能多维度量化个人招聘成果，技能多且更具有绩效思维。

一个好的主管，未必一定要有下属才叫管理，而要看他是否有从点到面的系统化思维，是否具备多项技能，以及最为核心的一点，是否有以数据为导向的最终绩效结果思维。这会决定一个管理者能够给组织创造多大的价值。

2.1.2　10 步闭环招聘全流程

为了更好理解 10 步闭环招聘流程。先让大家对整体招聘流程有一个全局观和彼此之间的逻辑关系的认识，如下图所示。

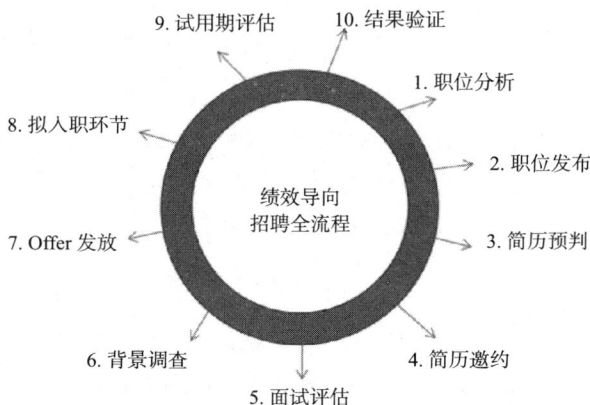

我个人总结出来，完整的招聘流程共有 10 个步骤。每个步骤缺一不可，彼此之间互为影响和促进。既有每一个过程的把控和执行到位，又有最终结果的交付与验证。

一个好的招聘官，如果能交付成功的招聘结果，他的过程自然不会差。同样，一个失败的招聘一定是某些关键过程中的某些环节出了问题。

很多时候，除了努力，更多是要用好巧劲。

从时间轴来看，一个招聘的闭环，会从"招聘需求的产生—分析需求—满足需求—验证需求"，即招聘前、招聘中与招聘后的动作展开。

从招聘工作整体规范性来看，需要做到"有方法、有效率、有闭环"即提升过程效率，规避可能风险。

而从组织绩效来看，招聘团队的"招聘完成率、新人留存率、试用期通过率、绩优率"，以最终绩效目标为导向，支撑公司业务发展。

对于招聘结果的考核，很多公司因为自身情况不同而有不同的要求。有的公司只要完成招聘计划，比如这个月招 10 个人入职，完成了就算达标。

如果以绩效为导向的完整招聘目标来看，我们可以从 4 个结果指标去不断提升。

（1）招聘完成率（即需求 10 人，入职 10 人，100% 完成）。这是大多数公司对招聘岗的基础要求。

（2）新人留存率（即某个时间段的新人留存，有的公司是要求新人入职两周仍在职算达标，有些则要求一个月或试用期结束）。如果是批量招聘岗位或岗位流失率比较大的公司，一般会做这项考核。

（3）试用期通过率（比如入职 10 人，10 人是否都正常通过试用期，通过率是多少）。一般公司试用期从 1 ~ 6 个月不等，尤其是 1 个月之后较长的试用期，新人的技能提升和岗位胜任的责任主要在用人部门。但如果 HR 不关注不跟踪，未能帮助用人部门一起解决问题进行改善，会被用人部门甩锅，认为这是 HR 招人不力，质量不好导致。

（4）绩优率（即入职了 10 个人，按照公司绩效考核要求，这 10 个人某个周期的绩效结果情况，比如绩效合格的人员占比多少，绩效优秀的人员占比多少）。这是最高阶的一项指标。因为一名员工的绩效是否优秀，除了与招聘有一些关系，同时与后期的个人努力、公司组织文化氛围、管理制度机制等都非常相关。但反过来说，如果你为公司招到一名优秀人才，你在公司的地位和影响力也会非常不同。

2.1.3　绩效导向的招聘全流程管理对 HR 及企业的价值

领英 2019《未来招聘趋势报告》中提到，人才招聘将成为企业成败的关键，但同时也对承接该任务的招聘从业者提出了更高的要求和全新的挑战。

对于招聘从业者，老板最看重的指标将不再是工作量，而是追踪成效。这个成效的定义，不仅仅意味着招聘任务的完成，更多是被招聘对象是否合格，以及招聘成功后有没有为企业创造价值。

即一切都拿最终的绩效说话。

首先，绩效导向的招聘全流程管理对于 HR 来说，一方面让 HR 要有闭环思维，也就是做事情有始有终，让上级或老板对你的能力产生认可，才会交付给你更重要的任务。

其次，全流程管理，可以让 HR 学习到由点到面的系统化多项技能，就是做招聘不仅仅负责邀约，还需学会如何面试和选拔，以及如何做新人试用期管理。即不仅要会约人，还要会看人，同时还懂得如何用人，或是帮助业务部门更好地育人。

最后，很多招聘从业者把任务当成了目标，认为招聘任务完成了就万事大吉。绩效导向，让你明白招聘最终的目标不是完成招聘任务，而是你通过为组织招聘了合适的人才，人才在组织中存活了下来，同时也给组织创造了绩效，这才是最终的目标，也是老板想要的结果。

当你具备了这种意识和能力的时候，你个人才能更好适应外部及内部的变化。比如企业处于生存的边缘或濒临破产时，不得不做出裁员或减员的举措时，最先裁掉的一定是那些固化思维、单一技能的员工。而拥有多项技能，以绩效为导向的员工，不仅关乎企业经营的好与坏，同时也能在外部有更多机会。

对于企业来说，这样的员工的使用成本更低，因为一个人可以干好几个人的活，并且还能把活干得很好。这就是我们所说的"人均效能"会更高。同时，具备专业技能的员工，才是正确地做事状态，才能为企业规避风险。让老板看到一个好的招聘 HR 不仅会完成任务，还能给企业创造更大的价值。

我就认识一名招聘主管，因给公司招到一名开拓新业务的业务经理，为公司在短时间内打开了新的市场，带来当年 50% 以上的营收业绩，这使他在做主管半年不到的时间就升职加薪，做了经理。

虽然为公司招聘合适人才以及让人才在组织中为组织带来超出预期的绩效，这不仅是 HR 的责任，更是用人部门的责任。虽然人才在组织中产生的绩效往往也和其他很多因素有关，但这些并不妨碍我们 HR 去不断要求自己，精进自己。

2.2 职位画像：三招教你轻松做职位的人才画像

讲到人才画像，小乔有些不理解，她说："我们公司都有岗位说明书，而且描述得很详细，包括这个岗位的工作内容和资格，我们都是按照上面的要求来做招聘。"

"那我问你，你看着这个岗位说明书，你的眼前是否能马上出现一个'活生生'的适合从事这个岗位的人物形象呢？"我说的时候特别把"活生生"几个字加重。

"这个……嗯……好像是一时想不清楚……"小乔迟疑了。

"招聘的时候，有没有发生你们 HR 看上的人，用人部门却没看上的情况呢？"我又问她。

"对对对，这个是的，我上周好不容易约了一个人到公司面试，我主管和他聊了一下觉得也挺好的，而且人家也有意愿，可谁知道给李主管（用人部门）面试，却说不合适，哎。"小乔叹了口气。

2.2.1 Why：为什么要做岗位的人才画像

（1）统一岗位招聘的标准。

像小乔遇到的这种情况，如果每次招聘，HR 与用人部门都是完全不一样的用人标准，招聘的效率和质量都会出现严重问题。

毕竟"岗位说明书"只是一份岗位的纸面描述，对于岗位需要什么样的人才能胜任，他需要具备什么样的背景和经验，素质和能力，以及什么样的行为表现是符合这个要求的，这种具体的样子是不清晰的。

HR 可能会充分理解岗位说明书的要求，但用人部门不太能理解专业术语，更习惯用直观、可见的方式去选拔自己需要的人。何况有的时候连用人部门自己都没搞清楚自己要什么样的人。只说某岗位很着急，你们赶紧招，简单敷衍 HR 就开始招聘了。

（2）用形象直观的方式降低沟通理解上的偏差。

经常会存在用人部门说的是骡子，HR 理解的是马，双方对岗位职责和要求理解不统一，HR 对业务不熟悉，听不懂业务部门的语言，该怎么办呢？

人才画像则可以解决这个问题，招什么样的人，需要 HR 和用人部门一起讨论探讨，说不明白可以举个例子，比如找个身边的样本（本部门的员工小王），为什么是他，他有哪些优势和胜任的素质能力，小王是什么样的背景，他做过哪些出色的事情，习惯的行为方式是怎样的。

HR 与用人部门一起通过具体的人和案例总结、梳理，慢慢地就把我们要找的适合的人的样子勾勒了出来，双方形成共同理解的同时，也让需要找的人更形象直观。

降低沟通成本，帮助我们快速、精准地实施招聘，而这所有的目的都是为了给企业在短时间内招到合适的人。

（3）便于选择适合的招聘渠道，快速行动。

因为当人才画像描绘出来以后，你就很清楚你要找一个什么样的人，就能快速锁定适合的渠道。比如你想招一个财务人员，那你自然会关心这类人群经常出现的线上或线下的渠道，比如线上这类人一般比较严谨谨慎，他们会首选正规的招聘网站，而线下也会参加财务相关的学习和培训，所以一些线下该主题的沙龙或培训会，甚至是财务培训机构都可以去做寻访。

2.2.2 What：哪类岗位需要做人才画像

任何事情都有两面性，每一种工作方法也都优劣势并存，人才画像也是如此，需要根据具体情况做出选择。

因为精准的人才画像需要对岗位进行分析、关键素质和能力的提炼，以及与用人部门沟通达成共识后报送公司，后期岗位职责发生变化时的版本更新与迭代等，都需要花费招聘人员很多时间和精力。

比如公司临时需要一名保洁员或保安，就不值得如此兴师动众，所以需要根据具体的岗位价值来评估是否需要做精准的人才画像。

一般哪类岗位建议做人才画像呢？

（1）公司招聘的主体岗位。

也就是每一家公司几乎都有某一类或几类岗位是招聘需求最大的岗位，比如销售型公司，90%需要招聘的岗位都是销售岗，比如电话销售、房产销售。

因为招聘的数量大，且是公司的主体岗位，如果对需要用什么样的人不清晰，做出错误的录用决策，招聘了不合适的人的概率就非常大，人员离职率就高，给组织带来的负面影响和招聘成本自然就会上升。

（2）公司的关键岗位。

关键岗位简单理解，就是对公司的利润实现起到非常重要的支撑和贡献作用。说白了，就是公司的盈利和发展所依靠的人，既有管理类岗位，也有技术、研发类岗位，具体根据不同公司对岗位的定位。

所以，做人才画像，也是一个梳理和了解公司关键岗位及其价值的一个过程，让招聘人员对公司岗位体系有全局的认识。

2.2.3　How：如何做人才画像，怎么画，画什么

基本的人才画像的步骤如下图所示。

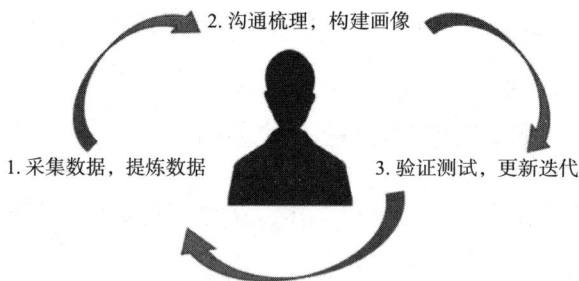

第一步，采集数据，提炼数据。

比如以"电话销售"岗位为例。我们要给这个岗位做人才画像，可以从公司目前几大相同业务部门或同类性质的电话销售岗位，选出前 20% 表现最

优异的员工。为了更契合目前这个岗位的要求，可从公司最近 1 ~ 2 年的历史数据，从数据中提炼出关键信息。

比如这家公司共有 500 名电话销售岗位，采集其中 20% 绩效优秀的有 100 人，对这 100 人进行关键信息的提炼，比如他们的平均年龄、学历、性别、来自哪些渠道、工作经验、性格爱好、行为特点、能力素质。即可总结这个岗位的绩优人员他们大多显性的共同规律，就可以作为我们人才画像的内容使用。

这里要注意，对数据的采集不是维度越多越好，也不是越细越好，而是要根据不同岗位的实际需要，在关键维度上比较多的采集数据；在无关的维度上，比较少的或者干脆不需要采集数据。同时针对"关键事件"的分析得出关键信息，即这些电话销售绩优人员他们取得优秀的绩效普遍是通过哪些关键事件所致，从而清晰看到其背后具体的行为表现过程，得出该岗位所需要具备的能力素质。

这些数据的采集来源，可以是公司的花名册、人才档案、岗位说明书、管理者访谈等方面来进行收集我们需要的数据，并且为了更准确高效，建议在采集之前先列好采集信息的关键要素和清单。

第二步，沟通梳理，构建画像。

对于采集后的数据，我们在和用人部门进行充分沟通讨论达成一致后，进行整理归纳、分类汇总和关键信息提炼，便能够初步得到人才画像了，如下图所示。

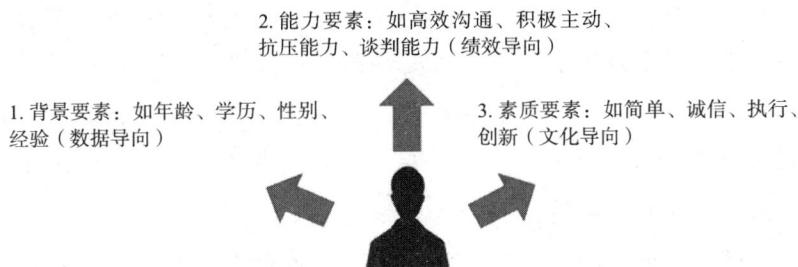

2. 能力要素：如高效沟通、积极主动、抗压能力、谈判能力（绩效导向）

1. 背景要素：如年龄、学历、性别、经验（数据导向）

3. 素质要素：如简单、诚信、执行、创新（文化导向）

比如，A 企业对电话销售岗位的人才画像是平均年龄在 23 ~ 28 岁，男性为主，大专学历，两年以上工作经验，工作积极主动，具备较好的沟通表达、谈判与抗压能力，个性追求简单，有良好诚信原则和创新意识的人。

这里的人才画像还可以加入一些场景的描述，让人才画像更加的真实和立体。比如当客户对他提供的产品暂时没有兴趣或意愿不是很强的情况下，他并不气馁，也不会急于求成地去过度或虚假销售，而是会沉下心来思考客户的真正需求，在如何引导客户、沟通方法及技巧上是否需要待改进及创新的地方。

第三步，验证测试，更新迭代。

没有经过应用的人才画像，我们并不知道他的准确性怎么样，所以这里的验证会有两种方法。

一是在正式应用之前，我们可以把做好的人才画像给人才样本看，验证信息是否准确；将人才画像给人才的直接主管看，验证画像是否合理；给公司的高层管理者看或外部专家看，有无意见。

二是实践是检验真理的唯一标准，通过不断的实际应用，我们就能够得出相对准确的人才画像了，在实际运用中不断检视人才画像的准确性及科学性。同时因为环境是不断发展变化的，公司对岗位的要求也必然将不断变化，岗位人才画像就需要及时更新，随着公司的需要而发展变化，不断迭代。

2.3　职位发布：没有人告诉你的那些职位发布小技巧

一个周六，我接到小乔的电话，此时她还在公司加班，说有问题要请教我。

原来她的上级给她安排了一项工作任务，有一个紧急的岗位需要招聘，让她在各个渠道把招聘岗位进行职位的发布。

"这是我第一次发布职位，张主管（她上级）和我大概说了一下要点，让我如果哪里还不懂就给她打电话，我现在还是有点懵，也想把这件事情做得完美一点，所以就先请教你了。"

刚入职的小乔很上进，不仅会做一件事情，而且学着做好一件事情。因为，对于 HR 来说，没有任何一件事情是小事情，工作做得如何不光决定了自己的态度和绩效，还会对公司造成正面或是负面的影响。这其中便包括看似简单的"职位发布"，对你招聘工作的成败以及公司的影响都是巨大的。

2.3.1　职位应发布在哪些渠道

职位发布的渠道，这里我给它分为主流渠道、非主流渠道、其他等。

主流渠道，主要有传统招聘网站、公司自身招聘渠道、第三方招聘渠道和现在很流行的社交渠道，包括常规的校园招聘渠道。

非主流渠道，主要指主流渠道的补充渠道，比如专业人才的网站、现场招聘会或小众的一些社交招聘渠道。

其他渠道，如资源互换或客户/供应商推荐。

这里我将目前比较常见的渠道以及其优缺点做了一个总结和分析，如下图所示。

渠道类型	渠道名称	优点	缺点
主流渠道	1.传统招聘网站，如前程、智联、58 同城、本地龙头网站	1.人才种类多而全，受众面广 2.能直接浏览者求职者的简历，易于建立联系 3.简历信息相对全面，且准确性相对较高	1.筛选成本高 2.过于传统，流程及形式固定，缺乏变通
	2.公司自身官网、公众号、微博	1.快速、直接、权威性及可信度较强 2.认同度高，较易形成凝聚力	1.受众面有限，招聘产能低 2.对内容及形成有一定要求
	3.公司内部员工推荐	1.文化认同高，较易形成凝聚力 2.员工稳定性相对较高 3.一种内部员工激励的方式	1.容易抱团，增加管理难度和批量离职风险 2.容易形成单一的能力或风格结构
	4.第三方推荐（猎头、招聘中介等）	1.快速、节约企业 HR 招聘时间 2.招聘效率与质量相对较高	1.招聘成本高 2.筛选合适第三方及有效管理存在难度
	5.社交渠道，如领英、BOSS、拉钩、QQ 群	1.形式灵活，适合年轻求职者的社交需求 2.不受时间限制，效率更高，人才分布广，涉及行业多	1.信息的真实性，有效筛选成本高 2.对接产生的沟通成本高
	6.校园招聘	1.能够找到足够数量的高教育背景人才 2.学习愿望和学习能力一般也较强 3.成本随招聘人数的上升而下降	1.缺少实践工作经验，培训成本较高 2.容易产生对工作的不满意 3.容易抱团离职
非主流渠道	1.现场招聘会	1.可以在短时间内收集较多求职者的信息 2.招聘成本低	1.很难招到高级人才 2.越来越不适合年轻求职群体
	2.行业网站，如建筑人才网、IT 人才网	人才匹配度较高	1.有一定的进入门槛 2.未必有求职意向且获取联系方式难度高
	3.新兴社交渠道，如头条、脉脉、抖音、知乎、灵鸽、哔哩哔哩、美拍、快手、在行	1.适合年轻群体的交流方式 2.适合全国性范围特定岗位猎取 3.能够观察到候选人生活化、个性化一面	1.数量有限 2.时效性不强
其他	1.资源互换	1.成本低 2.资源能循环利用	1.数量有限 2.安全性存在隐患
	2.客户或供应商推荐	1.对公司认可度高 2.能够提升对公司的满意度	1.数量有限 2.精准度不够 3.关键或重要岗位不适合

2.3.2　渠道使用应遵循哪些原则

渠道不分好坏，根据每个企业的文化、招聘岗位、招聘预算及 HR 自身的资源而定，也可以按照以某几个渠道为主，某几个渠道为辅，同时做好渠道的效果评估，在必要的时候进行调整和完善。

首先，要做好岗位分析人才画像。因为只有当我们很清楚找一个什么样的人，我们才能快速锁定适合的渠道，选择了适合的渠道，才能提升招聘的效率。

其次，渠道的数量并不是越多越好，每个企业都有自己的招聘预算，即使是免费的，如果不合适，也是浪费 HR 的时间，所以重点不在于数量，而在于精准匹配。

再次，每个渠道都有自己不同的特点和不同的功能，一些 HR 可能会觉得某些新兴渠道很好玩想尝试，但如果并不适合你的企业，不适合招聘的岗位，甚至你根本就不了解它的功能或特点，那使用起来的效果就会很一般，只有当你匹配了合适的渠道，同时对其功能和特点非常熟悉，即使一个渠道，也可以用得很好。

比如我认识一位招聘的同行，他就只用两个渠道，依然可以完成每月上百人的招聘任务，而有些互联网企业，只通过内部推荐这一种渠道，也能完成每月上百人的招聘任务。

最后，渠道好不好，有没有效果，最终要拿数据来说话，也就是招聘 HR 不要以自己的个人习惯、喜好或方便一直使用某些固定的渠道，而是要看最终这些渠道带来的结果如何。

简单来说，这里一般有两个维度可以衡量，一个维度是招聘结果数据，就是通过这个渠道给你带来了多少的简历量、面试量、入职量。另一个维度是人均招聘成本，比如你招聘一个人，通过 A 渠道只要花 300 元，而通过 B 渠道，你需要花 1 000 元，自然 A 渠道的招聘费用更低，性价比更高。

2.3.3 职位发布的内容有哪些

职位发布的相关内容一般可分为几个方面。

（1）与岗位相关内容。

如职位名称、岗位工作内容及职责、任职资格、薪酬福利、工作环境、工作地点。

岗位的介绍内容是重中之重。尤其是求职者最为关心的内容一定要呈现得清晰、明白。比如说薪酬，以前招聘网站上可以不出现招聘岗位的薪酬范围，因为大多公司都有薪酬保密的原则，但目前大多网站都会有薪酬范围的呈现，甚至有些网站会强制公司需要标明薪酬范围。从某方面来说，这是市场及求职者的刚性需求决定的。

虽然大多内容需要明确，但如何明确和描述是一门技术活。

比如"职位名称"，建议使用更直白的，且容易被搜索到的名称。如某公司招一名"催收专员"，很多人并不了解它是做什么的，因此收到的简历就非常之少。其实这是一个类似电话外呼客服的岗位，所以，用"电话客服、外呼专员、电话销售"等名称，求职者就知道这是一个和电话沟通相关的岗位，收到简历数大大提升。

岗位相关的内容发布，要达到的目的是让求职者在看到职位描述时就很清晰地了解岗位大致的工作内容、职责以及自己关心的关键信息。同时从公司营销推广角度，多选择一些常见的、可读性较强的关键词，这些可以用岗位相关描述内容里去提炼。

同时，我还看到一些公司的岗位描述完全是通过复制来完成，有些甚至是百分百的复制，这是最偷懒的一种方式，除非公司及薪酬福利有非常大的吸引力，不然投递的概率会非常低。

所以，如果增加一些比较有个性化、差异化或亮点的岗位介绍，就更完美了，可以提高岗位曝光、被搜索的概率以及社交口碑传播的覆盖量。

（2）与公司相关内容。

如公司的业务范围、发展历程、愿景、文化、价值观、行业资格、获奖荣誉。

公司内容的描述，目的是让求职者对公司有一个整体的印象和认知，了解该行业、公司文化和价值观是否与自己契合，公司的品牌及影响力如何，是否是自己比较看重的，都会让求职者形成自己的判断。

一方面可以在这个环节吸引到对的候选人，另一方面这也是大多数求职者相比较岗位本身，更关注企业的背景的心理需求。尤其是名企，在这方面就更有展示的必要和优势，那如果是中小企业或创业公司，其实也可以通过比较好玩的、新鲜的方式，符合90后主场求职大军的风格特点做一些个性化和差异化的展示，效果也会很好。

（3）补充的亮点内容。

如公司内部环境照片、活动照片（如年会、团建、生日会等活动）、员工代表的推荐语或视频、公司的文化故事。

这类内容会显得更直观、生动和可信，达到传播的效果，帮助公司更好地吸引求职者的关注和加入。如简历投递邮箱、联系人、联系电话、交通引导等常规的必要内容，从而形成了一个职位发布相关的整套内容体系。

2.3.4　职位发布的6点注意事项

职位发布因为内容关系到企业与求职者双方利益，所以不能马虎或忽视细节，避免引发不必要的纠纷或风险。《劳动合同法》第八条就明确规定用人单位有如实告知的义务。

（1）发布的内容不虚假、不浮夸、不过度承诺，不确定的东西不要发。

可能个别企业想要吸引优秀人才而做出的一些过度行为，但只有一个诚信的企业才能取得员工最终的信任和忠诚，并且这种行为即使一时得逞但存在的劳动风险是巨大的。不确定的东西就是在发布广告前没有最终确定的东西，尤其是和求职者利益相关的东西，比如岗位具体的薪酬福利、工作地点等，可以等到面谈时具体再沟通或明确后告知。

（2）发布的内容不要有歧视或存在歧义的地方。

比如招聘广告中不得出现"该岗位仅限男性"等字样。据人社部官网消息，为促进妇女平等就业，人社部、教育部等九部门发布关于进一步规范招聘行为促进妇女就业的通知，指出依法禁止招聘环节中的就业性别歧视，用人单位、人力资源服务机构发布含有性别歧视内容招聘信息的，依法责令改正；拒不改正的，处1万元以上5万元以下的罚款，以及其他存在隐性风险的内容。

（3）职位发布在哪些渠道需要依据企业实际情况及需要而定，也就是这个岗位招聘的紧急程度、企业提供的招聘预算、企业的文化等。

（4）职位发布的内容及形式需要结合公司所招聘的岗位，即求职者人群特点来决定，如果是 35 岁以上的管理岗，这样的人群更多会喜欢在正式的渠道，以严谨的方式呈现，而 90 后的职场新人，则更青睐活泼好玩个性化的方式。

（5）发布的时候要根据发布的载体在呈现形式上进行一些优化。比如目前很多人都有手机阅读的习惯，电脑阅览与手机阅览的感觉是不同的，这也决定了不同的载体对内容呈现的要求不同。移动端的阅读体验更注重职位内容描述的简洁、精炼，以及使用简短段落和换行来切分正文，确保看完整个职位描述不需要 3 次以上的下拉操作。

职位发布后最重要的一项不是发布完就万事大吉，而是要定时更新、定时分享推荐推广。比如招聘网站是有职位刷新功能的，但可能每个网站的刷新规定不同，所以需要了解清楚具体网站的刷新功能，尽量做到勤刷新，选择求职者习惯的时间刷新，看似很小的一个细节，但这往往决定了你是否能在短时间内获取一定的简历量。其他渠道也是一样，多次分享、推广，才能最大限度地增加曝光机会，吸引到潜在的候选人。

看似简单的职位发布广告，其实涵盖很多内容和细节，HR 不仅需要从企业及岗位的实际情况出发，又需要兼顾职位的吸引力，同时还不能触犯劳动法或相关法律法规，是一件非常严谨、需要足够专业，同时还要具备耐心和细心的工作。

（6）要考虑发布渠道与岗位的匹配性，不同的岗位受众发布在适合它的渠道，将事半功倍。发布内容的清晰、客观，同时在形式上如果有个性化或差异化的亮点将会更好地助力招聘的成功。

2.4 简历预判：如何高效筛选与分析简历

有一天上班的时候，小乔在微信上发了我一份简历，对我说："姐，我们公司在招一名销售经理，你帮我看下这份简历合适吗？"

"你对这个岗位了解吗？这份简历你自己的意见呢？"我反问她。

"我觉得还不错吧，但我又不是很肯定，并且这人还在职，我也拿不准要不要约呢。"小乔说出了她的担心。

"这样吧，我把如何高效筛选与分析简历的要点和技巧发给你，你先学习，不然就算我直接告诉你答案，下次你遇到问题还是不知道如何解决，对不对？看到哪里不懂可以再问我。"我表明了我对这件事情的态度。

作为 HR，不能一遇到问题就习惯性依赖他人直接提供答案，而是要养成自我学习，主动学习的习惯，你的成长才会更快。

2.4.1　为什么一份简历的甄选对 HR 如此重要

作为一个 HR，如果你觉得简历就只是简历而已，那你不仅无法提升自己的专业度，还会给企业带来一些不必要的风险。简历的重要性有两点。

（1）HR 与候选人建立联系最先接触的就是对方的简历，这第一步如果都不重视，不能专业地对待，后面的工作自然会大打折扣。

（2）一个人的简历从某个方面来说是他整个人生经历的浓缩，和相对全面信息的囊括，是一个人的成长史。这是 HR 了解候选人最好的渠道，虽然未必要全信其中的信息，但能借简历探寻出你想获得的信息，对简历建立基本的预判，以便在面试中去求证，这是作为 HR 最基本的一项能力。

2.4.2　HR 筛选简历经常陷入哪些误区

根据我过往的观察及个人刚开始从事 HR 的体会，大多 HR 在简历的筛选和分析上会存在如下误区。

误区 1：对岗位不了解的情况下去筛选简历。

这就像我们计划送一个人礼物，为了让对方高兴，最好是选对方喜欢的礼物，那如果你根本就不了解对方，在一无所知的情况下怎么可能选好这份礼物呢？

如果 HR 对所招聘的岗位没有正确的认知、清晰的认识，筛选的简历自然就很难真正匹配，从而造成招聘失败。

越是做足了岗位分析的工作，清楚岗位关键能力素质，对筛选简历的速度和质量越会大大提高。

所以，筛选简历之前，务必先提炼岗位胜任要素，转化为"简历语言"，如果怕记不住，就将提炼的内容记录下来放在简历一旁进行简历的筛选与分析。

误区 2：筛选简历时间过长 / 过短。

试想，如果让你一天筛选 100 份简历，每份简历花 5 分钟，一天光筛选简历就需要花费将近 8 个小时，那一天就耗费在这上面了，显然不合适。

因为筛选简历非常耗费时间，如果是批量招聘岗位或难度不大的岗位，投递简历众多的情况下，如果在每一份简历上花的时间过长无形中就增加了时间成本。但如果筛选简历时间过短，也会因此而忽略很多重要的信息，或错失一些本应合适的人。

比如一份简历让你在 20 秒以内，判断这个人是否合适，你能做到吗？

究竟筛选和分析一份简历多长时间合适，这个没有绝对值，个人建议正常情况下一般在 1 ~ 2 分钟，需要根据具体的岗位、HR 筛选和分析简历的能力综合而定。

误区 3：带有色眼光或带有偏见地看一份简历。

试想，如果你是 985/211 大学出来的，或你在名企待过，如果你现在在一家创业公司，拟招一名主管人选，那么你可能会对学历和背景非常看重，就算公司对此岗位的要求未必需要这样的背景，你也会不自然地更倾向有这样背景的候选人。

这并不代表没有这种背景的候选人的能力就比有这种背景的要差，这不是选拔人才的前提条件，甚至也不一定是基础条件，但会因为你的这种偏见与心理的预设导致招聘偏了方向，影响招聘进度和合适人才的选拔。

另外，HR 会存在对一个岗位有太多要求，也会形成不清楚什么样的简历是合适的，太贪心可能会错失合适的人选。所以我们筛选时不能没有目的，在不了解岗位、用人部门及老板想法的情况下去找简历，不能什么都想要，而应聚焦于你的目的，筛选出合适的简历为你的最终目的服务。

2.4.3　一份简历都透露了什么

一份完整的简历一般包括如下信息。

● 时间要素。

即简历上呈现的是一个人在教育背景、工作经历及其他层面上的时间轴。

最高学历的毕业时间、什么时候参加工作，每一份工作的任职时长、最后一份工作的时间、每份工作之间是否时间连续，如果有断档那是因为什么？

● 职业倾向。

体现在一份简历上的"求职意向"即意向的行业、岗位类别、工作地点、薪酬期望等，总结为一个人对职业选择的倾向性。

● 成长要素。

这里的"成长"指求职者在简历上体现的"个人成长痕迹"。

即有没有换过行业或岗位的情况，这是转行转岗的表现：是一毕业就在一家企业做了很多年，还是有多次的跳槽经历；是在一家企业一直都是同一个岗位还是有轮岗的经历，以及有跳槽的经历，是跳得越来越好，还是止步不前，这都会显现不同的成长路径。

● 技能要素。

体现在简历上是诸如"负责过哪些项目，取得过哪些成绩，考过哪些证书，有过哪些其他工作外的经历和经验"等体现与技能相关的要素和信息。

● 沟通要素。

沟通要素相对比较隐形，不过也可以从简历中窥探出一些端倪。一个沟通能力很强的求职者，简历上的内容描述相对会比较有条理，逻辑清晰，也就是能把话说明白。

如果是对沟通要素有要求的岗位，就可以去看简历上过往的工作岗位、工作内容是否同样包含了需要大量沟通的机会和需要。

● 人际要素。

人际要素体现的是求职者的人际互动信息。即一个相对比较内向的工作，通过一个人就能完成，还是有着较强的人际关系互动需要的岗位，以及求职者的家人、学校、过往单位、培训机构等信息。

● 学习要素。

很多岗位都要求有较好的学习能力，所以通过简历去分析和预判求职者是否有这样的能力就显得非常必要。

学习要素可以从求职者的教育背景，是否有不断进修的教育经历；从取得的成绩和技能也能显示其学习的意愿和能力，包括简历中的业绩展示，从中可以看到他是通过怎样的学习取得这样的业绩。

● 性格倾向。

通过简历求职者展现给你的印象，是阳光型、抱怨型、妥协型，还是沉稳型；是内敛还是外向，是大大咧咧感性十足还是严谨理性、老成稳重。不同性格倾向在简历中体现出来的特点和内容也会有所差异。当然这是简历给你的第一印象，并非完全正确的，需要面试的验证。

2.4.4　如何把握简历上最为重要而关键的信息

做到高效的前提，要先把握简历上那些最为重要而关键的信息层面，具体有以下几个方面。

● 工作年限。

即求职者的整体工作年限，每一份工作经历的年限，是否与你所招聘的岗位匹配。比如你要找一个具备 3 年以上有销售管理经验的经理，那就看他的简历中是否体现有团队管理的经验，年限是否达到要求。

如果对方根本就没有管过团队，即使是一名业绩能力非常优秀的销售员，一般是不予提供机会的。

● 工作经历。

即求职者在每家单位的工作经历，从中可以看到其从事的每一份岗位工作内容是否与招聘的岗位契合，工作内容、职责及角色定位是否契合。工作绩效如何，取得过哪些成绩，这些成绩是否对所招聘的岗位有很大影响，包括对方的工作经历是否是连续的，中间的断档是因为什么，都需要其后的面试时去求证，提升其真实度、合理性以及是否会发现一些其他重要信息。

● 简历完整度。

一份简历的完整度体现求职者对简历的重视程度、个人求职以及是否耐心细心的态度。我就多次看到过一些求职者的简历是不完整的，次要信息或非必要信息可以不用那么完整，但诸如工作经历、工作内容描述、教育背景等重要信息都是不完整的，那很难相信他是一个诚信、用心的人。

● 自我评价。

自我评价这条，可能有些 HR 不太看重，也不怎么关注。因为有部分求职者在自我评价那里填写的信息比较浮夸，或是一些不相关以及 HR 根本就不关心的信息。但这同样也能折射出求职者的某些心态和倾向，甚至是能力。

比如一个没有带过团队的人评价自己管理能力很强，你觉得他是怎样的人？

比如一个人自我评价自己抗压能力好，却没有相关案例和经历可以佐证，那又代表什么？

如果一个自我评价比较客观、理性，且简历中有对应的信息支撑，那说明他是严谨而诚信的，也是足够自信的。

● 学习性特征。

如同前面所说的，一些关键信息体现了求职者学习性的特征，是否有主动学习的意识和意愿，是否有学习后的成果展现，是否经过学习，个人有很大的成长。比如一个求职者在不到两年的时间就做到了主管，且有其他信息（比如教育背景、业余时间外的学习积累、培训经历等）的支撑，说明此人学习力很强，成长很快。

● 人际交往能力。

一个人人际交往能力强弱，一方面是和其有无加薪晋升，有无不断拓展自己，接受挑战有关的。

总结如下：

首先，需要重视简历的力量。

其次，要绕过简历筛选的那些常见误区，对此有一个正确的专业态度。

最后，要具备甄选和分析简历的能力，这是作为 HR 的一项基本功。

2.5 邀约环节：这样邀约，提升你的人才到面率

一天上午 11 点，小乔很苦恼地给我打电话，原来是最近招聘压力有点大。我问她刚开始做都是这样，最近又遇到什么问题了。

她有些气恼地说："昨天约了一个人，是我好不容易筛选出的简历，而且联系上了，约他今天上午 10 点来面试，电话里他也答应了，但问题是根本就没来，等我打电话过去也没人接，真是莫名其妙啊！我怎么想也想不出是哪里出问题了，怎么办啊？"

"哈哈，这很正常啊，这是招聘中的邀约环节，还有的 HR 跟踪一个候选人几个月最终也没入职呢！"我说。

"你还笑呢，感觉好受挫啊，那你赶紧帮我分析一下到底问题出在哪，以及我要怎么做才能约一个是一个呢？"小乔急迫地问我。

"这邀约成功率一般来说没有谁能做到百分百中，因为也和外部环境和一些无法控制的变化有关，但提升邀约率是作为招聘必须做的基本功，一般来讲如果是主动搜索的简历能达到 90% 以上就算不错了。"我给她解释道。

2.5.1 邀约都有哪些形式

随着求职者普遍年轻化，对网络及社交通信工具的依赖，目前候选人的邀约其实有很多形式，这里的邀约是主动搜索的候选人。主要有以下几种。

● 电话邀约（主流方式）。

电话邀约是主流模式，如果其他邀约形式不能产生效果，一般也会再次用电话的方式进行沟通。

电话邀约的优势是方便、快捷、直接，同时能听到对方的声音，借由对方的语速、风格和思维的传递，更好地感受对方的个性。

缺点是有可能电话接通后，对方当时并不方便，或背景环境嘈杂影响沟通效果，只能另行再约。

● 短信/邮件邀约。

短信邀约一般会出现在两种情况下使用。

一种是简历特别合适，或内部推荐合适的人选，就会直接短信通知具体的面试时间地点及注意事项。

一种是批量岗位短信群发，或HR有先发短信的习惯并且也不清楚对方有没有基本意向，短信发过去如果有回复说明候选人是有意愿的，这时再进行电话沟通，起到一种前期的过滤和筛选作用。但这种因为时效慢，如果为了提升效果，就需要在短信的内容设计上有更佳的呈现，从而吸引候选人主动回电话给HR。

● 社交通信邀约如微信、QQ或社交平台。

也是目前比较普遍的，因为年轻人大多每天都会使用微信，短的十几分钟就会看一次微信，也比较及时，既然有对方微信，说明是对方同意验证的，相对也会有一定意愿，或至少证明目前是求职的状态，同时微信朋友圈如果HR有公司亮点的内容的呈现，无形也是一种信任背书。

另外，微信也比较方便发送一些资料给候选人查阅，可以说微信约人，算是电话除外的第二大主流模式。

这里我将目前比较常见的邀约方式以及其优缺点做了一个总结和分析，如下图所示。

邀约类型	优点	缺点	适合的岗位	注意点
电话邀约（主流方式）	1. 形式方便、快捷，单人沟通效率高 2. 直接电话沟通，对方结果反馈较快可控性强 3. 通过对方的声音、语速、表达内容能提前建立对候选人的直观了解和预判	1. 会出现对方当时接电话并不方便或当时环境嘈杂等影响沟通效果 2. 对 HR 的电话沟通能力、说服影响能力有一定要求 3. 单个沟通时间成本高	1. 中高端岗位、重要岗位 2. 主搜的简历	1. 电话之前先与对方预约沟通时间，或电话接通后先询问对方此时是否方便，根据公司招聘岗位的重要性面定 2. 电话沟通之前，做好充足的准备（沟通的问题提纲、对方提问的回答、与公司及岗位相关的资料等） 3. 沟通时做好必要的关键信息的记录和思考点
邮件/短信邀约	1. 不会直接打扰到候选人 2. 邀约的内容有更多时间组织、准备且完整度较好 3. 对同时沟通大量候选人，覆盖效率高，省者时间	1. 精细化筛选度不够，给后期面试增加成本 2. 邀约成功率与公司品牌度、美誉度有关 3. 对方是否能如约到面，结果可控度不高	1. 根据不同岗位制订措施 2. 主动投递的简历	1. 基础岗位，邀约之前最好确保对岗位分析、对简历要到位，提升匹配，降低后期面试不适合的概率，降低面试成本 2. 提供候选人需要了解的完整性内容，提升到面率 3. 重要岗位，在此基础上需增加电话沟通环节
社交通信邀约（如微信、qq或社交平台）	1. 适合年轻群体的沟通方式：方便、即时、灵活 2. 适合书话语言表达能力强的 HR 3. 可以了解更多候选人个性化的一面	1. 候选人会根据 HR 社交平台信息而对 HR 及公司有错误的认知，导致不到面的情况 2. 沟通成本较高	基础岗位、年轻候选人群体	1. 对个人社交平台上的资料进行调整和完善，呈现"专业化、职业化"的个人形象的同时，兼具亲和力 2. 有很好的把控能力和严谨性，不泄露公司机密 3. 对候选人做好细致备注，避免叫错人或搞错信息 4. 需要主动搭讪，提升沟通效率 5. 尽量多打字，少语音，减少沟通误差

四个"不漏掉"
1. 不漏掉对方称谓：提升尊重，赢得初步好感
2. 不漏掉介绍自己：让对方快速了解你是谁，建立信任
3. 不漏掉重要信息（如岗位信息、面试时间、面试地点、需要带材料）：提升一次沟通的效率，同时满足对方对关键信息的获取
4. 不漏掉联系方式：能保持后续联系，得到及时反馈

2.5.2　哪些情况下不要急着邀约

● 不做简历分析。

这是很多初做招聘的 HR 容易犯的错误，我之前带实习生的时候就出现过这种情况，打了 5 个电话，没约到 1 个人，我把她下载的简历拿来一看，才知道原来是简历不合适。

简历分析工作其实是从网站下载简历之前就应该做的，只是下载简历前的分析时间可以相对较短，主要是看硬性的关键信息，比如工作地点、求职意向、工作经历、薪酬等是否相对匹配就可以下载，而邀约前的简历分析还需要就岗位的关键素质，在简历中进行分析和提炼，并对一些有疑问的地方做好记录，以便在电话中沟通确认。

如果不做分析，不提炼简历中候选人的关键信息及疑点信息，就无法在电话沟通中进行有效筛选和评估。如果是重要岗位，电话邀约也是一次简短的电话面试。

所以对简历的分析，做好准备工作是非常重要的。没有这一步，要么你无法判断对方是否是我们想要的人，可能就约了一个并不合适的人；要么因为你对候选人了解不够，让对方觉得你不够尊重他或认可他，感受不到你的

诚意和专业，就自然不会前来面试。

● 对公司业务及岗位整体情况了解不够。

建议新人做招聘之前不要急于去做招聘或邀约，一方面先沉下心在公司的业务培训环节认真学习，了解公司的行业属性、业务范围、业务流程，以及业务岗的重点熟悉和把握，记录相关要点，比如岗位职责、工作内容、薪酬、晋升发展通道；另一方面同时了解公司招聘流程，并把邀约前的环节做夯实，如岗位分析、岗位关键胜任要素提炼、职位画像、职位发布、简历分析。

只有基础打牢了，后续的发力才会正确而高效。

● 状态不好。

有一次，我突然听到下属 W 在电话里和一个人吵起来了，电话挂掉后我问他在和谁打电话。他说是一个候选人，我就很奇怪，人没约到，就吵起来，不知道这对公司雇主品牌有多大影响吗！

找他单独沟通后才了解，原来前面刚打过一个电话是问他同学要钱，他同学说好这周还他钱，但等他一问对方说暂时没有，还需等待一段时间，然后 W 就很生气，感觉不仅钱没还他还欺骗他。没想到打这个邀约电话，对方也是之前微信上说好今天下午会过来面试，但等 W 电话问他时他说临时有事需要改时间，所以 W 就说了一句对方言而无信的话，然后对方也很生气，说是真的临时有事，而且也准备给 W 打电话告知的，没想到 W 的电话就先来了，两个人为此就在电话里争吵了起来。

我们会有这种体会，心情好的时候做事更有劲头，效率也高，若心情不好或身体不舒服，自然就会影响工作，人的情绪、心理状态对工作的效率和质量起到不可忽略的影响。

所以，如果状态不佳，建议不要匆忙与人沟通，避免冲突，尤其是比较重要的岗位，除非你真的为这个电话做好了全方位的准备，或完全可以理智地面对工作，控制好个人情绪。

● 目标不清、无结果导向思维。

可能有些主管带团队比较随意，尤其是带新人，会让他自我成长，而我的风格不太一样，如果加入我的团队，即使是新人也会对他做要求、定目标。

如果一个人对自己的目标不清楚，盲目工作，何谈达成目标。哪怕是一个邀约电话。

我会根据每个人的具体情况和水平不同，设置不同的目标。比如小王邀约到面率比小李高，那自然小李的邀约数量要比小王高，只有通过实践才能不断提升自己的水平。

我之前给团队规定，有效邀约到面率不足 50% 的，每天至少要打 25 个以上的电话，有效邀约不得少于 8 个，因为根据 1:8 的概率，即有效邀约 8 个人，才有可能有 1 个合适的。

招聘的每一个动作都是为了最终的结果达成服务，有效邀约的直接目的是完成到面，间接目的就是合适的人选入职。

所以，如果对自己的目标不清楚，或没有结果导向的思维，从公司层面就可能会存在资源浪费，招聘进度缓慢的状况，从个人层面就是技能提升慢，个人成长慢。即使上级没有给你目标，你也可以根据自己的实际情况给自己定目标。

2.5.3 邀约的流程及技巧

因为你要电话沟通的对象是一个的陌生人，且是第一次电话沟通，除了做好以上的准备工作之外，要想好如何与对方打招呼，因为心理学角度，每个人面对陌生人都会有一定戒备，这就叫社交中的"安全距离"，这种距离不仅仅存在于两个陌生人之间的面对面距离，也包括电话沟通中的心理安全距离。

所以，如何开口，让对方放下戒备的同时还愿意与你沟通和交流，并不是一件非常简单的事情。

通用而常见的沟通方式可以是这样：

"您好，请问是 ××× 女士 / 先生吗？我是 ×× 公司的 HR，我姓 ×，我在 ×× 招聘网站上看到您的简历，因为我们在招聘一个 ×××× 职位，初步觉得和您比较匹配，想和您聊一下，请问您现在方便吗？"

（1）建立信任。

当对方听完你的描述，至少不会觉得你是骗子或骚扰电话，这样双方就可以继续沟通下去，但这并不意味着对方就对你有信任。那如何与对方拉近距离，建立信任的关系，好让彼此沟通更充分，为你对对方的深入了解以及更多信息的获取提供基础。

一般可以通过"找到与对方共同的点"这个角度切入，这个共同点的前提同样是你对对方简历的认真阅读和分析记录。

比如你们来自同一个省份或城市，属于老乡；毕业于某所共同的学校，或你认识这所有学校的其他人，或公司正好有很多这所学校毕业的员工等，以及在候选人自我评价里发现你们有共同的爱好或某一段共同的经历。

甚至，有时候你也可以根据情况扮演一个可以拿捏的共同角色，让彼此产生共鸣，是建立信任最好的方式之一。

（2）筛选与评估。

如果在沟通过程当中，你能做到引导对方按照你的节奏，基本上邀约成功率是比较高的，而这也会让你对候选人是否合适的评估与判断更为准确。

因为在沟通中，只有当你能做到主导，你就能轻松应对对方的咨询，也能在提问对方时从对方回复你的内容中去分析和判断是否合适，只有当你掌握到更多你想要的信息时，才足够支撑你对对方的评估与判断。

当然，如果当你发现某些地方不合适时，也不要直接拒绝，只需简单收尾即可。

（3）后续跟踪。

很多新人做招聘时都很努力，但往往会忽略细节。

就像以为电话邀约做完了，对方也答应 ×× 时间过来面试。这个时候也不要高兴过早，因为只要对方没来面试，这中间的时间都会存在很多不确定的变数。

这也是很多人会遇到候选人"放鸽子"的现象。除了客观上的一些无法控制的原因之外，也有一些与 HR 没有做好后续跟踪，甚至什么都没做而是静等对方上门面试有关。

一般我们约面试时间会根据面试官或公司规定的时间，但再快基本上也是次日较多，所以在面试之前，首先你需要把关于面试的信息，如面试时间、面试地点、交通提醒等其他注意事项编辑好短信发给对方，即使你电话里已告知。其次，你需要在对方当天面试时间的 3 个小时之前，再次电话与对方确认此次的面试，一方面显得你很重视对方，另一方面如果对方若临时有事来不了，你也好提前预知并作其他的安排和提前告知相关人，这样的做法才是专业且称职的。

（4）总结复盘。

HR 的工作非常讲究闭环，即从开始到结束形成闭环管理。同时尤其是新人阶段，对一份还不是那么熟悉的工作，在任务结束后的总结复盘，是一项非常好的习惯，对个人成长帮助很大。

比如你今天有效邀约 20 个人，实际只有不到 5 个人面试，面对这个不太好的结果，你需要问自己几个问题。

这是什么原因导致的，是下载的简历本身就不合适，还是对方对岗位没有真实的意向？是沟通有问题比如没有吸引到对方，还是公司这个岗位本身就很难招？那优秀的人招聘这个岗位的到面率是多少，我的差距还有多少？这件事情我哪些做得好，好的是什么，哪些做得不好，不好的原因又是什么，下一次如何去改善？

你问得越是细致和全面，你对这件事情的分析和认知就会越深，就能挖掘很多你之前未意识到的问题，这个问题可能是自己的，也可能是公司客观存在的，但无论怎样，都能够帮助你更好、更准确有效地招到合适的人。

2.6 面试环节：一场高质量面试的底层逻辑

一天，小乔很兴奋地告诉我，她半年的实习期结束，已顺利转正为一名招聘专员，并且获得公司初级面试官认证，可以对专员级及以下的岗位进行初试。

不过公司培训内容更多的是公司内部面试流程、规范和基本要点及注意事项，关于面试的专业性还需要更多学习，希望我能提供一些系统化的面试方法给她。

面试环节可以说是整个招聘工作中最为重要的一环，是直接接触候选人，双方互动，彼此考察和评估决定是否合作的重要环节，直接决定了后续的招聘结果。面试的是否有效性决定你最终的招聘成败。

所以，这里重点通过 3 个方面详细、全面、系统地讲解面试这项工作。

2.6.1　什么是面试

面试是"挖掘"应聘者和"目标岗位有关"的信息，并根据这些信息"预测"其在目标岗位上的未来表现的过程。

面试对求职者和面试官意味着什么。

求职者：面试是一个展现个人知识、技能、特质、过去的经验及成就的方式，最理想的结果是个人的这些品质和成就刚好与招聘岗位的要求相匹配。

面试官：面试是展示组织价值观、使命、目标，团队或部门的特点、岗位的特点，以及个人专业度及互动影响力的方式。

共同点：双方都要发出信号、接收信号，并对对方发出的信号做出反馈。

最终结果：求职者会以其接收到的信息以及他们对信息的解读来决定他们是否愿意接受这份工作；而面试官的目标则是决定谁将成为公司最需要的求职者。

所以，面试是双向的，双方的表现和水平，以及互动过程中的诸多细节和因素都会影响最终的合作达成。

HR 或面试官在实际面试中可能会存在这样的问题。

● 没有做到挖掘，或挖掘不够。

有一次，我面试一个求职者，他说到一个细节，说有去一家公司面试，但一刻钟不到就结束了。结果明显是没有被录用，而他自己也不知道问题出在哪里。

在通过最初的简历筛选和电话面试之后，面对面的沟通，排除一些客观情况，如"路途太远、简历造假、态度极差、无法沟通、薪资期望过高"，就需要一定的面试时间才能挖掘候选人深入的信息。

但有时候面试官会因为录用的压力而仓促做出录用的决定，或因为个人的偏见以及首因印象而轻率的否定一个人。

没有挖掘或挖掘不够的面试，要么会招来不合适的人，要么就错过了原本合适的人。

● 信息没有和目标岗位相关。

目标岗位即应聘者所应聘或竞聘的岗位，面试是一项目的明确的工作，需要紧密围绕目标岗位开展。但某些面试官提出的问题让人匪夷所思。

比如招一个工程师，却对他提问："你对中国的足球怎么看？"

可能面试官会觉得，想通过这个话题来让对方放松，但毕竟面试时间是有限的，如果不集中精力于关键信息的挖掘，不按照设计好的标准化程序来问问题，可能你得到的就是一些无关紧要的信息，若凭着这些信息或是个人的偏好和假设，就会做出一些草率的人事决策。

● 所获取到的信息无法预测，或没有自信来预测。

因为挖掘的不够，或信息相关度不大，以及没有按照标准化程序化的问题去提问，面试官就没有可以预测的参考，以及不能把这些信息和胜任力联系起来，也就不能据此做出应聘者能否胜任岗位的预测。

2.6.2　标准化面试实施

这是面试工作最为核心的中间环节，一般体现在面试方法及工具上的标准化、面试流程上的标准化及面试官组成上的标准化。

● 行为面试法＋情境面试法的结合运用。

很多时候，导致面试官做出错误决策，或多位面试官面试结果差异大的根本原因，是因为没有采用统一的标准化的面试方法。

行为面试，又叫行为描述面试，简称 BDI，是让求职者需要描述他们过去做过什么以及具体是怎么做的。

行为面试关注面试者过去发生过的行为，即在过去的个人经历中，有没有遇到过所要应聘的工作中可能会碰到的一些类似情景，以及当时是如何处理的。

即行为面试的假设是：过去的行为是预测未来行为的最好指标。

因为一个人的行为模式是相对稳定的，不会在较短时间内发生大的变化，特别是在遇到类似的情景时，人的行为反应倾向于重复过去的方式。

比如一个人在过去的一年中，遇到一些傲慢无礼的客户，他能够很好地克制住自己的情绪，仍然能够耐心地与客户交流，那在后面出现同样的客户时，他也会冷静处理，从容面对。

行为面试流程：根据招聘岗位的关键事件—确定其所需要关键知识和能力—再设计与这些能力素质对应的结构化题目。

比如销售岗，大多数人都会和客户进行日常的沟通，对销售产品进行详细的介绍。

关键事件：如何赢得客户的信赖，达成交易，或遇到咄咄逼人刁难的客户如何应对。

技能要求：遇到这种情况就需要有特定的技能和能力。比如保持冷静、管理情绪、有效沟通。

设计结构化的问题：设计的这些面试问题是有助于评估这些特定技能的，让求职者描述他们是如何处理的，通过 STAR 方式进行提问和追问，获取候选人更真实和完整的信息。

比如可以这样提问（如果是评估销售员的沟通能力）："请您举出一个实际的例子，说明您是如何向一个陌生而又难搞定的客户解释咱们产品的某项复杂的功能的。"

行为面试的缺点是若没有可以依赖的过去经验者，比如实习生或无工作经验的候选人，就只能通过非工作的经验或其他面试方法来分析，以及最难的可能就是对方的行为是真实反应还是伪装的。

比如你一定会有这样的体验：明明是当时面试感觉挺好的一个人，但录用后在职的表现让人很失望。

出现这个问题的原因是多方面的，但最主要的原因可能是你的面试方法不对。比如采用了非行为面试，面试官则很可能受到候选人外在的、表面的个人特点的影响，过多地评价其"找工作"的能力，而对其"做工作"的能力缺乏有效地深入考查。

找工作的能力需要镇静自信、和蔼可亲、外表阳光、性格外向等；做工作的能力则是主动积极、善于合作、达成目标的能力、悟性等。

行为面试主要关心候选人过去实际经历中的行为模式，面对其面试过程中的外在形象、言谈举止则不用过于关心。而情境面试是人们如果能够描述处理特定问题的特定方法，那么他们在实际工作中遇到类似的情况时也可能采用相同的方法。

比如可以这样提问（还是评估销售员的沟通能力）：

"假如你现在是公司的销售员，一个客户进来了，想买一个手机，但不知道买什么型号好，也不懂不同型号的区别，你会怎么做？"

情境面试的缺点是某些面霸型求职者可能会有空谈的倾向。如果他们揣测到面试官喜欢加班的员工，就可能会说有经常加班到很晚的情况，但实际工作中并不是这么做的。

这就需要通过提问求职者两难困境的问题，目的是在于让人们更有可能描述他们认为在某一项特定工作中所应该做的事情，从而将他们为迎合社会期望而提供答案的风险降到最低。

所以，可以根据企业情况及招聘的岗位需求，结合行为与情境面试法进行综合判断。只有被精心设计过的面试才有更高的效率和更强的可靠性。

● 行为面试和情景面试的异同。

共同点：两者都关注候选人在目标职位可能会遇到的典型情景时的表现。

不同点：行为面试关心的是过去实际的行为，而情景面试则关心将来可能的反应。

比如情景面试会这么问："假设在你新任部门负责人 3 个月的时候，你的副手经常越过你向你的上级汇报工作，你会如何处理？"

而行为面试会这么问："在你担任部门负责人期间，有没有出现你的副手经常越过你向你的上级汇报工作，当时是什么样的情况，你是如何处理的，结果是怎样的？"

情景面试的这个问题，因为是一种情景的假设，也就代表了候选人的回答，即使很完美，最多也只能体现对方思路上的清晰和严谨，以及良好的问题反应和应对能力。如果是面霸型的候选人，你更难以此来预测其真正的实力。

行为面试，则从标准化、程序化以及追问细节的提问方式来考核候选人的真正能力。因为若没有真实的从业经历和真实发生的实例，对方就会在你层层追问的细节里，缴械投降。

也就说行为面试的信度和效度会更好，更能让你自信且相对准确的预测其未来的行为表现。

● 行为面试与结构化面试的关系。

结构化，指面试题目及实施过程中的观察和评价规则要标准化。而行为面试就是一种结构化面试。

行为面试的如下流程，反映了它的结构化特征。

● 以关键事件的工作分析结果为依据。

比如"和所招聘的职位有关的关键事件有哪些？这些关键事件需要候选人具备哪些方面的能力，对这个职位要有一个关键能力的画像"。

● 围绕行为维度进行设计，而行为维度来源于关键事件分析。

这些关键能力一般是通过日常的哪些工作行为维度可以体现的。

● 问题需要标准化。

问题的目的是要了解候选人过去是如何处理类似工作情景中的问题，从而引发出一个或多个行为维度相关联的信息。

● 进行灵活提问及追问。

比如对"背景、行为目标、行为措施和结果"进行细节性的深入了解。细节见真知，就是这个道理。

● 对面试者的回答进行记录。

很多时候，面试官在面试结束后，无法准确判断，一部分原因是面试时没有集中精力且未做关键信息的及时记录，这是非常不专业的。在面试前，我们可以提前和候选人沟通，做一些面试的记录。

● 对行为维度评分进行加总整合，得出评价结果。

标准化程序化的行为面试，不仅具有公平性，也更具准确性。

大量研究证明，个人化的非结构化面试的预测效度仅为 0.2 左右，也就是说，这种面试仅仅能够解释未来业绩差异的 4%，而若想达成 96% 面试的精准度，首先需要重视"面试"这项能力。

同时需要了解面试的"原理"，并且掌握科学的行为面试方法，再通过不断的实践和总结，才能提高面试的效度，为企业选拔到优秀的人才。

2.7 面试环节：简单"七问"，让你迅速成为合格面试官

"会提问"，是衡量一名面试官技巧掌握的关键要素之一，其技巧的掌握程度可以左右面试的效果。

一般有效的提问会紧紧围绕着职位任职要求、候选人与公司的匹配性来进行发问，以便让你获得更多的候选人信息。

再通过对这些表面的信息点去进行深入的追问，探测信息的虚实，从而做出录用判断。

如果是一般基础性岗位，重点是提高面试效率，初步筛掉那些显而易见不合适的求职者，个人一般喜欢问如下的一些问题。

2.7.1 简单七问，提高面试效率

● 询问路途远近，乘坐何种交通工具。

应聘者刚到公司坐定，为了缓解即将开始面试的压力，在面试之前我一般都会通过一个简短的寒暄开始。

寒暄的首选话题之一，就是问他："您过来方便吗？怎么过来的？"

电话邀约的时候虽然已经知道对方的住址离公司的大概远近，但和实际来访一次，会让应聘者在路途这个因素上，有一个更为直观和清晰的判断，

尤其是需要加班的职位。而交通工具则反映了对方基本的家庭经济状况，以及过来上班的一个交通成本。

现在的求职者，寻找一份工作时，路途的远近及是否方便快捷，是一个重要因素。

相比较工作中遇到的困难，反而是像路途远近、有没有双休可以多一些时间照顾到家庭，这个实际存在的客观问题，会成为员工重新换一份工作的理由。

● 询问学历情况。

虽然应聘登记表上都会显示对方的学历情况，但通过提问，主要有两个方面的考虑。

一是，确认学历的类型。

现在的教育类型比较多。如统招、高升专、高升本、专升本、自考、函授、业余等，五花八门。

不同的类型，所学习到的东西、付出的努力以及学历的含金量都是不一样的。

二是，确认求职者有无隐瞒。

面试时的学历情况和后续入职时提供的学历材料是否一致，看应聘者是否诚实。

● 询问离职原因。

估计是每一个面试官的必问题目之一。

尤其是在"面霸"型求职者面前，如何识别其谎言，弄清楚其真实的离职原因，才是我们提问的最终目的。

个人建议，在问这个问题之前，不妨先好好地看一下求职者的简历，了解他每一份工作的任职时间。

一般任职1个月内离职的，和能不能适应工作内容本身有很大关系；3个月内离职，和直接主管关系较大；而1年以上的是不是对企业文化的认可及升职加薪上出了问题。

就这些方面的可能的原因去发问，比直接问"你为什么离职？"会更有针对性。确定某一方面的原因后再进行深入追问，让你获得更多信息的同时，也能一定程度上提高你的面试效率。

● 询问工作职责和工作重点。

职位的匹配是基础，职位不匹配，意愿度再高也很难胜任。

说不清楚曾经任职职位的重点，或是对应聘的岗位认识不够，要么思路上有问题，要么工作能力很一般。

合适的候选人，一定是对自己过往工作，无论是在工作职责上还是绩效考核的重点指标，能列出 1、2、3，并且有一个相对全面的分析和总结。否则，你很难相信他有多敬业，以及具备胜任一份工作的能力，尤其是全新的岗位。

● 询问个人职业规划。

职业规划越来越凸显它的重要性。因为，我们寻找一份工作，已经不再是"生存"所需，而是为了"生活"更好。

这个"生活"更好，未必是一份优渥的薪水。或许是自己喜欢的企业文化、工作模式或仅仅是这份工作能满足自己的个人爱好，发挥自己的特长。

对于职业规划混乱，走一步算一步，还是以为自己有想法，实则并不清楚自己要什么的求职者，我一般都会慎重考虑。

因为有无规划，以及是否客观，都会影响着他后期工作状态的稳定。

比如我会问："如果给你这个机会录用你，我需要你在这个岗位上至少稳定两年，你觉得你能做到吗？"

如果真的喜欢，做好了准备，想要得到这份工作，对方一般都会毫不犹豫地做肯定回答，但若只是把这份工作当成过渡，或仅抱着尝试的态度来求职的人，即使录用了，也有很大可能在最后一刻，主动放弃 Offer。

从避免后期可能产生的人力成本的浪费角度来说，这个问题可以帮你筛掉这部分的人选，反而是一件好事。

● 询问个人优缺点。

相比较优缺点，个人建议问"优势和不足"会更好一些。

性格上的优缺点一般本人都很难做到客观描述，所以对于其工作中的优势和不足进行展开提问，从匹配职位来说，更显得重要。

对于这个问题，第一个要淘汰就是回答不出来，或是说不清楚的人。

一个连自己的优势和不足都不清楚的人，你会相信他能把工作做好吗？

还有就是在"不足"上的回答似是而非，这样的人相对来说，比较世故或不是坦诚，也是需要关注的。

对于优势，我最反感求职者的回答是"我的沟通能力很强、管理能力很强"。这样的人一般工作做得会浮于表面，或是没有真实的工作亮点可以阐述。而对于不足的回答，相对于不足本身，其实我们更想考察求职者的态度以及是否坦诚。

有一次我碰到一个求职者，问到其离职原因时，他坦诚告知是因为去这家公司时间短，还没有细致的了解一些规则的时候，因失误导致了被投诉而被劝退。所以他说他的不足是性格上有些粗线条，短时间内不能很好地对一件事情全面考虑。

虽然劝退是录用员工的大忌，但谁能保证自己不犯错呢？只要不是原则性的过错，不是特殊的岗位，给对方一个机会，可能会让他更珍惜这份工作。

● 询问工作的特殊要求。

比如这个岗位需要加班、出差或其他一些特殊的要求，询问对方是否能接受。

对于企业的介绍需要做到客观，甚至是这个职位存在的一些客观困难也可以试探性的询问对方，考察他的接受程度如何。

虽然不同的岗位，需要针对性地进行相应的提问，但基本的问题是一定要问的，并且要懂得发问的技巧。

学会了发问，才能让你顺利获得求职者更多的信息，以及通过追问，分辨对方提供的这些信息的真伪，成为你录用判断的最有用的证据。

发问，让我们更了解对方的同时，也能重新审视自己的不足，让我们更好地去成长，从而成为一个合格或优秀的面试官。

2.7.2 提问的注意点

（1）要就相同的问题提问对方。这样才能更好地对候选人进行对比和比较其优劣势。

（2）注意提问的顺序。有些问题不适合一开始就问，比如问对方的弱点、不足。

（3）要提和岗位或工作相关的问题。比如很多 HR 喜欢问对方的星座、生活习惯，摒除那些不相干的提问，因为只有相关性才能收集更多信息帮助面试官去判断和决策，同时提高面试效率。

（4）提问的人员，企业的面试官一般都在两人及以上，但如何进行面试的安排，分工是否明确也非常重要。

如果是两人以上，建议不要每次都是一对一，而是采用一对多的形式，一人做笔记一人提问或根据需要进行轮换，每个人负责相应的内容。

多人判断，交叉检查，降低与工作相关信息被忽略的可能性或被自动忽略的风险，防止偏见和错误的产生。

2.7.3 做好有效面试评估

面试之后就是有效评估。比如哪些信息权重更大、理由何在？是应该基于整体评估决策还是基于求职者的具体情况进行决策？

可以设定结构化面试的行为锚定等级评价：建议 5 级或 4 级评分量表，每一层能够恰当描述行为问题，或者对特点的情境问题进行评价。

一般 5 级代表答案最理想，1 级代表求职者的行为或反应最糟糕。

因为量表评估更加简单，降低了组织对面试官的认知能力和记忆能力的要求，同时量表对所有求职者一视同仁，更显公平和客观，还能把面试官的主观评价变成了客观数据，从而能够确保录用决策有据可查。

总之，一场高质量的面试一定需要精心的准备、标准化的面试实施及有效的评估，才能降低错误决策，增强面试的可靠性和效度。

虽然预测效度无法达到百分百，但通过一场高质量的面试，帮助组织作出更多最佳录用决策，给企业带来的价值是巨大的。

2.8 面试环节：论一个面试官的修养

当我和小乔提到，面试的专业性不仅对面试官来说非常重要，而一个面试官自身的修养也同样重要时，她不是很理解。于是我就给她举了下面这个场景化的对比案例。

某公司招聘一个主管岗，按照约定时间候选人于某日下午两点到达 × 公司会议室。下面是面试官小王和小李接待和面试的场景。

小王：

临时有会议，匆忙结束会议，简历还没来得及看，就直奔会议室。先让对方做自我介绍，正好抽空浏览简历。期间，手机响了一次，铃声还很大，小王挂掉后继续沟通。面试中小王就"是否能接受加班"以及"和上级风格是否匹配"这两个问题提问候选人。

"咱这加班很多，能接受吗？"

"如果你遇到一个很难相处的上级你会怎么办？"

……

20 分钟面试结束。

小李：

小李提前确认好候选人到达的时间，提前做好了简历分析，记录下关键点，以便面试时重点确认和提问。

进了会议室，小李微笑地和候选人寒暄，两分钟后让对方做自我介绍，同时微笑地看着对方向对方说明面试过程中会有记录。面试中小李就"是否能接受加班"以及"和上级风格是否匹配"这两个问题提问候选人。

"您过往有加班的经历吗，大概是什么样的频次和时长，你是怎么看待加班的？"

"您能说说在过往和上级相处的过程中，一些不太愉快的经历吗，当时背景和具体情况是怎样的？”

......

30 分钟面试结束。

如果你是候选人，你喜欢哪一个面试官？如果你是公司老板，你又愿意招聘哪类面试官。

2.8.1 你的形象价值百万

记得有一次老板在公司管理群里发了一张图，原来是业务主管在面试的时候，穿了一双拖鞋，还跷着二郎腿，姿态极为随意，责令负责人关注并提出改善。

《你的形象价值百万》这本书的作者说道，成功，也爱以貌取人，它喜欢那些举止得体、热情友善、真诚自信的人，而厌恶那些穿着邋遢、刻薄无礼、虚伪自卑的人，不要渴望人人通灵，以便看到你美丽的内在，现实是，内在的品质、才能、信念也要通过外在的形象、举止来展示一个人的形象。

研究证明，那些关注自我形象，在衣品与身材上呈现很好的人通常自我管理能力都比较强，他们得到的机会和成功可能性更高。

有一次复试了一名不错的候选人，但与其沟通 Offer 时对方婉拒了，反馈业务经理（面试官）在面试的时候咄咄逼人，感受不舒服，所以不太愿意加入这个领导的团队。

其实这个领导平时为人很随和，只是对员工工作要求高，想通过压力面试选拔抗压的人，可这种不好的面试体验造成了不良的第一印象，让我们失去了一个不错的人选。

面试是双向选择，企业想招聘形象得体的候选人，候选人同样青睐形象礼仪较佳的面试官。

这种得体，既有形象上的大方整洁，也有面试礼仪的舒适感。面试官代表了企业的形象，如果行为举止不佳，不好的首因效应，直接影响后面彼此的深入沟通，以及对面试官的信赖和专业性都会大打折扣。

2.8.2 不专业不面试

面试官的专业度会直接影响候选人对你的信赖，以及你是否能说服和吸引优秀候选人的加入。

不合格的面试官一般会有这样的表现。

● 不提前做好面试准备。

很多面试官到了面试时才看简历了解对方（比如案例中的小王）；不主动了解初试的情况，导致提与初面同样的问题（既浪费面试时间，又影响候选人的面试体验）。

● 不会提问和沟通。

喜欢问封闭式问题，如案例中的小王"咱这加班很多，能接受吗？"；候选人回答能接受不代表就真的能接受，而是需要通过其过往的表现来求证，而不是一句简单的"是"或"不"。

问题停留表面，没有按照 STAR（Situation）原则，什么样的背景（Situation）、完成什么样的任务目标（Task），如何行动的（Action），以及结果（Result）如何 4 个维度来进行深入追问。

过于提压力面试问题，让对方感受不舒服，有压迫感。压力面试既要看岗位，也得把握度，同时还得选择合适的压力面试问题。

● 没有吸引动作。

有些面试官往往过于考虑企业方现状和感受，而没有把握准候选人的心理，尤其是市场上比较抢手的优秀候选人，如果不提前对候选人的需求、目前痛点进行了解，就很难匹配到企业提供给他的优势，就无法针对性地吸引到优秀的候选人。

面试的专业性，既需要会运用面试过程中的人才测评的方法，也要对人性有一定的认识，掌握基本的人的心理动态和需求，同时要有营销思维和动作，才能顺利选拔到合适的优秀人选。

2.8.3 发现优势重于纠结不足

有时候面试完毕，HR 问业务主管对候选人的整体印象时，对方大多会提出比如"意愿度和学习力还可以，但是是大专学历，如果是本科就好了""经验很丰富，但没有考过岗位专业证书呢"。

你会发现，对于一个人的缺点或不足，总是比较容易发现的。但无论是人才的选拔，还是培养，发现他的优势，释放他的天赋，远远要比盯着他的缺点或不足重要。

因为一个人的缺点或不足不能马上改变，甚至很难改变，再说没有一个人是完人。但一个人的优势及天赋，能带给他成就感、工作的动力和激情，只有这些东西才能为企业创造高绩效。

所以，对于面试官来说，在人才选拔时，需要根据岗位画像，确立最核心的岗位必备素质和能力，用发现优势的眼光去看待候选人，能力优势能否带来绩效，而不是无意义地纠结于对方的缺点。当然是符合公司价值观，保证人员品行的前提下。此外，面试官的一些软性能力，如抓关键问题、总结分析的能力、清晰的思维逻辑、懂得换位思考有同理心，具备导师或教练的素养，都是非常好的特质。

面试的功能，一方面是发现和选拔合适的人才，另一方面也是通过说服、影响候选人，营销及提升雇主品牌的一种方式。

最后，总结如下。

（1）形象是你个人及企业的门面，是建立企业与候选人良好印象的基础。

（2）专业性是你及企业能否顺利吸引合适的优秀人才的前提。

（3）善于发现一个人的天赋和优势，成人达己，是面试官及管理者最高的境界。

2.9 背景调查三要素：助你选拔合适人才

一天小乔给我打电话，说主管交给她一个任务，给新招聘的一位岗位人选做背景调查，当时主管比较忙，就给了她一个电话号码，让她打这个电话问一下这个人选在这家企业之前任职的时间、职位和表现情况，然后就出去了。

小乔拨了电话过去，等介绍完目的，还没聊一分钟对方就以现在特别忙而拒绝沟通并把电话给挂了，让小乔很生气的同时也在思考是不是自己哪里说的不妥导致的。于是请教我应该怎么做才能得到想要的结果。

背景调查的含义，就是一个企业在对某个岗位确定候选人，并且面试合格予以录用之前对其既往的工作单位、任职时间、任职职位、工作表现、离职原因、职位薪酬甚至是候选人的性格、为人处事等综合方面的调查，并将最后的调查结果和简历以及面试的情况核对是否一致而决定是否最终录用此候选人的一个环节。

本节将从背调的时间、方式、内容及提问技巧来进行相关的阐述。

2.9.1　背调的时间

尽量选择在一周的中后段，比如周三、周四。接受背调的 HR 一般都不愿意在黑色的周一或忙碌的周二接到一个与自己工作无关却需要他配合完成的工作。

若是在不合适的时间接到这个电话，或许对方常见的处理就是用最快的时间敷衍你的访问，他不耐烦的语气音调也会直接影响到你的情绪和背调的质量。

还有一个关于"背调时间"的细节，是你和候选人确认好 Offer 并经对方同意你背调后，最好在挂完电话的当天就做这个动作，为的是避免候选人提前做好铺垫工作，不然你的背调就仅仅是个形式了。

整个背调完成的时间最好控制在 15 ~ 30 分钟内，根据具体岗位及当时的情况调整，过短不利于质量，过长也会使得信息量过大而影响判断。

所以对于时间的把握需要综合考量，合理安排。

2.9.2 背调的方式

通常有电话调查、书面调查以及第三方调查。

最常见的是通过电话，优点是方便快捷，不足之处是形式相对随意。

书面调查是以电话为辅，书面调查反馈表为主，好处是相对比较详尽、正式，但因为书面反馈流程烦琐、耗时太长可能会降低其反馈的真实可靠度。

第三方调查相对来说成本较高，若第三方不是太了解当时面试的情况，会影响对候选人的真实判断，但是一些高端的重要岗位，且企业 HR 不方便去电话背调，通过第三方相对会更适合一些。

这里我将目前比较常见的背调方式以及其优缺点做了一个总结和分析，如下图所示。

背调形式	优点	缺点	适合的情况	注意点
电话背调（HR）	1.方便、快捷、沟通效率高 2.直接电话沟通，能从对方回答的内容、表达逻辑上感受到反馈的真实度情况 3.成本低	1.HR 电话沟通能力和理解能力影响背调的有效性 2.如果量多，背调的沟通时间成本高	公司无预算、对候选人信息掌握的较为全面时	1.电话之前先与对方预约沟通时间，或电话接通后先询问对方此时是否方便 2.电话沟通之前，做好充足的准备（沟通的问题提纲、对方提问的回答、与候选人相关的资料如简历、面试评价表） 3.沟通时做好必要的关键信息的记录和思考点
书面背调	1.不会直接打扰到接受背调的公司及负责人 2.相对比较详尽、正式 3.成本低	1.对调查问卷的合理化、技巧化设计有很高的要求 2.流程烦琐、耗时太长可能会降低其反馈的真实可靠性	公司无预算、对候选人信息掌握的较为全面时	1.取得对方同意的情况下再设计背调表，避免浪费时间 2.给出期限，并做好过程中的跟进 3.需要有电话的辅助
第三方背调（专业背调机构）	1.如果是猎头推荐的人，完成背调，一般没有额外支出 2.减少了 HR 的工作量 3.单独购买背调服务或合作的机构，背调的时效性及有效性相对较高	1.若单独背调，成本较高 2.若是猎头公司推荐的人，背调的可靠性存在水分	公司有预算，背调岗位批量或量较大	1.对双方合作价格、注意事项、权利与义务进行明确 2.对第三方机构要有约束机制，从而确保背调的有效性

2.9.3 背调的内容及提问技巧

一般背调内容包括如下方面。

（1）任职单位确认。

是否属于其原在职员工，可能你会说，单位应该不至于造假。不过本人还真遇到过，我提供了候选人很多信息，但对方还是很肯定地说没有这个员工。

"任职单位"细节要点：该员工只是在这家单位上班，但劳动合同主体，也就是甲方并不是这家企业，一般是外包或劳务派遣的方式。

（2）任职时间。

这个是求职者最喜欢造假的，一般都会多写几个月，对于这个问题，具体情况具体对待，若不是太过分，且员工在面试中已坦诚交代，个人觉得一般也是可以理解的。

（3）职位。

职位也是一个相对容易有水分的部分，可能之前是专员，但简历上写的是主管，个人觉得，经理级以下的职位人选，若是因为这家企业晋升通道有问题，优秀的候选人没有得以施展的机会才跳槽，且人选表现优异，也可以考虑。毕竟人往高处走，若是平级跳动吸引力也不大。

"任职职位"细节要点：若是经理级及以上职位，比如候选人在 A 企业任职 3 年，目前是经理职位，需要调查其是以经理职位入职的还是后来晋升上去的。

因为从其实际职位的任职时间，一般来说任职时间越长相对成熟，对企业的风险越低，其次可以通过晋升了解这家企业的晋升机制和候选人的真实能力。

（4）薪酬。

因其敏感性一般都不会直接告诉你或明确告诉你，那等于泄漏了自己公司的薪酬行情，尤其是同行，这是身为 HR 最为敏感的问题。

所以对于这个问题，你不能直接去问，而是你主动说出一个大概范围（候选人在简历上写的薪酬范围或你通过面试后测算的薪酬范围），然后静等对方的反馈。

曾经我就利用过这个沟通方式，在我的引导下，对方提供了薪酬大致信息，据此，我们在和员工的 Offer 谈判及定薪上都占据了有利的一方，既让对方的收入达到一定预期，又不超出公司的预算，可谓是一种双赢。

（5）绩效表现或工作表现。

对于工作表现这个问题，若你问得含糊，对方就会答得含糊。你问得有技巧一些，才能知其一二。

比如对于绩效表现，我一般都会用结构化的提问方式。比如会问对方贵司的绩效如何评估，是分卓越、优秀、良好、一般、差，还是分 A/B/C/D/E 档。

然后带出候选人 ×× 他在最后一个月或季度的绩效档次是哪一级。

若说"一般"，基本上就是不怎样。若说"还行"或"良好"，可能就是"一般"。

若"表现优秀"对方就会回答得很干脆，且会主动提出候选人的某些亮点，从其话语里可以感受到其正面积极的肯定。

（6）离职原因。

其实对于离职原因，个人觉得，没有必要太纠结具体详尽的原因。

因为即使是我们自己的员工离职，你就真的清楚每一个员工离职时最真实最核心的离职原因是什么吗？

最核心的是核实他的离职是辞职还是辞退，正常离职还是被动离职，了解一个底线即可。因为不同公司对于人选不同特点的要求，会存在候选人在甲公司可能会因为某个原因离职，但或许在乙公司就会存活且发展得很好。

所以对于背调，我总结如下几点。

①背调一定是必要的，做一定比不做好。尤其是主管级以上岗位，务必要做。

②背调所获取的信息是否完整和真实，除了与受调查的公司 HR 或同事的配合有关，更与调查此事的 HR 本身是否具备一定的心理学常识和良好的沟通技巧相关。

③背调虽有固定的流程，但需要 HR 灵活应对和分析，并且需要你更多的实践，同时了解社会心理学，实践出真知，HR 要时刻保持对本专业全方位知识的敏感度和不断的学习热情。

此外，还需要站在一个客观中立的立场去背调，避免招录一个"风险分子"或错失一个人才，这才是作为 HR 最应具备的素质和职业道德。

2.10　Offer 发放：入职 Offer 这么发，最为安全有效

HR 最喜欢做的工作之一就是发送 Offer，因为这意味着工作取得了实质

性的进展，自己的价值得到了进一步的体现，那种招聘工作终于快接近尾声的快感，让 HR 巴不得尽快发出 Offer，以便让候选人马上入职。

这种心情可以理解，但其实，看似简单地发送 Offer 工作，背后也有很多隐性的风险。有 HR 因为对 Offer 发送认知不全面，并不了解发送 Offer 背后隐含的劳动风险，以及在操作上不专业导致给自己和公司带来了无数的纠纷和麻烦。

所以，当到了发 Offer 的阶段，HR 依然不能掉以轻心，即使公司有现成的发送 Offer 模板，作为一名职业且专业的 HR 在这个环节不仅要学会如何正确发送 Offer，也有审核公司目前 Offer 发送环节是否有弊端或不合适的地方的职责。

2.10.1 发送 Offer 的目的

在认识误区之前，作为 HR 需要先了解企业发送 Offer 的目的是什么。

Offer 是雇主与潜在雇员的一种在订立正式劳动合同之前的一种有法律效力的契约文件。

Offer 于企业意味着该候选人是企业需要的人才，是企业通过筛选、面试，企业相关领导同意，符合企业各项要求的拟录用的人选。

所以企业发 Offer 的目的一方面是显示自己对候选人的尊重，同时也是一份合作的邀约，希望候选人能尽快接受这份邀请。

而 Offer 于候选人来说，收到 Offer 相当于吃了一颗定心丸，可以正式向前任公司提出辞职，与前任公司尽快做离职交接事宜，同时对新东家也有了更多信赖和期待。

2.10.2 发送 Offer 的误区

● 不是所有岗位都需要发送 Offer。

既然 Offer 是有法律效力的就不能随意、轻易发送。同样并不是所有岗位都需要发送正式书面 Offer。

因为 Offer 发送后，即使候选人明确回复报到，但最终并没有报到，候选人也不用承担任何法律责任，顶多是道德的谴责和被扣上不讲诚信的标签。

但用人单位如果违约，则要赔偿候选人的经济损失。从这个层面来讲，企业其实处于被动的局面，因此，发送 Offer 的前提要看企业招聘的岗位，以及候选人的需求，如果不是企业核心或重要岗位，候选人也没有这方面的要求，建议能不发送尽量不发送，或通过其他非正式的方式表达企业的诚意及录用意思即可。

● Offer 发送完了就万事大吉。

一些 HR 以为 Offer 发送完了就万事大吉，可以静等候选人正常报到了。

而现实是一些候选人即使在你规定的时间内明确回复报到，也会有爽约的可能。原因主要有两种，一方面是对方手握好几份 Offer，全面衡量比较后选择了其他公司；还有一种可能是虽然你发了 Offer 给他，但可能因为面试时沟通不足，候选人想要了解的信息不足或彼此之间依然存疑而没有得到解决，甚至是 Offer 发送的内容本身对方并不认可，导致其没有接受这份邀请。

所以，对于 HR 来说，为了确保企业想要的候选人能正常报到，除了确保 Offer 发送内容的合法合规、规避企业风险的同时，还需要就候选人关心的问题表达明确和完整，同时发送后第一时间与候选人致电，确认是否收到，并跟踪回复情况，以及对方若有疑问需要耐心解答，建立良好的沟通和后续联系。

做好 Offer 发送后的后续跟踪工作，一方面是为了让候选人如期报到，同时也能和对方建立良性沟通和表达企业的诚意，加深候选人对企业的印象，提升 Offer 成功率。

2.10.3 发送 Offer 的原则

● 内容完整的原则。

为了提升 Offer 成功率，Offer 内容中需要涵盖候选人关心的基本内容，如职位信息、工作地点、入职时间、薪资构成或者薪资简要说明、相关福利、各项补贴、合同期限或者合同期限说明、入职资料准备以及其他。

● 内容合法合规符合公司招聘录用程序。

即不要出现存在歧视或歧义的地方，避免被候选人作为投诉或引发劳动风险的依据。同时 HR 在发送 Offer 之前一定要遵从公司正常的招聘录用程序，不能因为想让对方尽快入职，而在公司相关领导还没有最终书面确认的情况下发送 Offer。

有些公司或 HR 在 Offer 发送中会存在自己给自己挖坑的现象，即 Offer 发了但公司内部的录用及入职流程未走完或通不过又想撤销 Offer 的情况。因为有些公司对岗位录用是有一套完整的流程，所以 HR 一定要先走完公司内部流程，相关领导都同意后方可发送 Offer，如果为了抢占候选人，也需要在公司同意的情况下。

● 双方约束的原则。

Offer 不仅仅是对公司的约束，同时也应对候选人进行一些约束的规定，一方面是让对方重视接受 Offer 得慎重和承诺，一方面也是规避公司的风险。

如候选人的教育背景、任职资格、身体健康因素、公司需要候选人准备的入职材料等进行明确规定和提交的要求，以及在公司规定的时间内给出明确回复，是否接受 Offer 以便公司提前做出后续安排事宜。

2.10.4　发送 Offer 的注意事项

（1）发送前的资格审查。

在发放 Offer 前，一定要对候选人过往工作背景、工作绩效、身体状况、学历情况、离职类型等进行审查核对，避免因背调不到位而发送有误。

（2）Offer 中应当加入失效的条款。

候选人如不能在规定时间内进行书面确认或入职，本通知失效 / 作废，企业有权取消 Offer，另聘新人；双方签订劳动合同后，本通知失效。

候选人应进行入职前健康检查，以及体检报告、入职材料在企业规定的时间内提交并审核通过后，该 Offer 方可正式生效。

其他失效情况的约定，如背调不通过、履历存在虚假、将企业的岗位录用薪酬福利等信息泄密的情况。

（3）合法条件下的要约撤回。

要约可以撤回。撤回要约的通知应当在要约到达受要约人之前或者与要约同时到达受要约人。要约也可以撤销。撤销要约的通知应当在受要约人发出承诺通知之前到达受要约人。意思就是在候选人还没有明确回复或承诺企业接受这份 Offer 邀请之前，企业可以撤回或撤销该 Offer。

同时，有下列情形之一的，要约不得撤销。

①要约人确定了承诺期限或者以其他形式明示要约不可撤销。

②受要约人有理由认为要约是不可撤销的，并已经为履行合同做了准备工作。

③如果候选人已经明确回复接受邀请且已于上一家企业正式提出辞职办理完离职手续的情况下，企业反悔则面临着被候选人起诉的风险。

2.11　拟入职环节：提升到岗率

小乔很苦恼地和我沟通招聘入职报到率的问题。事情是这样的，她所在公司对招聘专员的绩效考核结果有一条是当月入职 15 人的门槛，如果达不到则拿不到绩效工资。

她很苦恼地说，虽然每天的面试量还可以，也有不少双方都满意的人选，并且部分求职者已经答应了按时到岗的，可最后还是被放鸽子了，到岗率偏低，很让人头疼。

关于到岗率偏低的问题，我总结了一下，主要和这几方面因素有关，如下图所示。

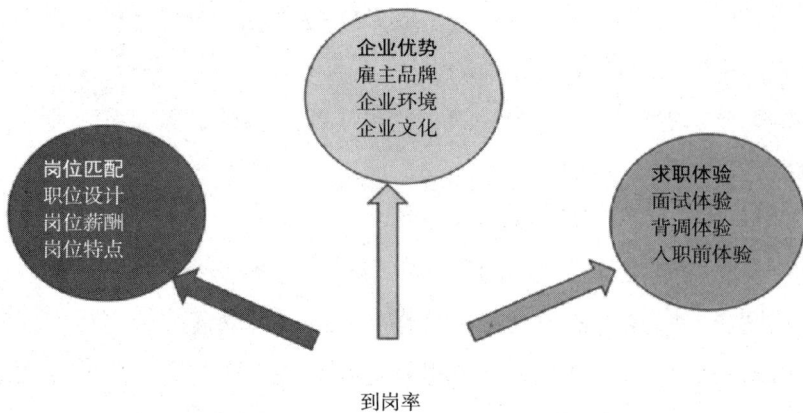

到岗率

2.11.1　岗位匹配

主要体现在 3 个方面。

（1）职位设计。

有一次公司通过猎头招聘一名市场经理，初试复试都很顺利，在发 Offer 之前也与对方明确了薪酬福利等关键事项，可没想到发了 Offer 之后对方始终没有书面回复确认接受这份邀请。通过猎头回访才了解到了候选人的顾虑，即当时因为这个岗位是新设立的，该岗位（部门经理）的直接上级原则上是总经理，但当时公司内部有晋升一名总监，公司任命这名总监同时监管市场部，使得在短期内该岗位会出现两名汇报对象也就是"多头管理"。

在面试中候选人获悉这种信息后，对该岗位的定位产生了一些疑虑，虽然我们和其沟通这只是暂时的，并且待他入职后根据实际情况也可以做调整。但当时这个职位的汇报设计的不确定让候选人最终放弃了这个职位。

包括还有很多诸如岗位的工作内容设计、管理幅度、权责利等职位设计上如果存在一些明显的不合理不对等，让候选人感觉疑虑或不认同的情况时，都会导致对方放弃这个岗位。

（2）岗位薪酬。

这个很好理解，对方放弃的很大一部分原因是觉得钱给得不够，或没有达到其预期。

可能有人会问，既然这样那为什么面试的时候没有提出，甚至还答应来报到呢。是因为一方面候选人在面试中更多会表现好的地方以及薪酬的敏感性，包括候选人当时的 Offer 数、选择机会的多少都决定了他会重新考虑自己的择业选择。而薪酬、工资收入自然是大部分候选人考虑的首要因素。

（3）岗位特点。

岗位就像一个待嫁的适婚男女，如果既没有优点也没有特点，自然就会成为企业中比较难招的岗位。而有时候这种优点或特点并不是那么明显，需要 HR 去挖掘的，赋予其不同的意义，从而变得让人容易接受甚至认可它。

比如某个企业需要在短时间内招聘大量的电话客服人员，于是和学校合作，入职了一百多名实习生，但没想到不到半年，学生就流失了大半。后回访了解学生普遍反映这个岗位很枯燥，天天就是打电话，认为学不到东西而离职。

后来企业经过咨询，对该岗位进行关键要素提炼，提炼该岗位为什么适合实习生应届生等没有工作经验的人，因为该岗位可以锻炼他们的沟通表达能力、遇到不同客户及突发状况的应变能力和抗压能力，而这些都是学生步入社会积累工作经验提升个人基础能力的最好方式，同时企业对进步快的员工颁发标兵、新人王等荣誉称号。

每个人都需要有工作的意义，同样，我们需要赋予岗位以意义感。很多岗位看似普通简单没那么高大上，其实都有其重要的一面，有独特意义的一面，当 HR 可以挖掘并发现这一点，然后传递给求职者，会极大地提升和增强求职者对它的认可与期待。

所以，当企业的职位设计相对合理、责权利明确，同时接收到了 HR 传递给他的岗位亮点或意义感，而薪酬也能达到候选人预期时，到岗率自然会大大提升。

2.11.2　企业优势

企业的优势主要体现在 3 个方面。

（1）雇主品牌。

一家企业的知名度与美誉度会对求职者的择业选择起到非常大的作用。

一家是名企，一家是不知名企业，即使求职者对这两家企业内部情况都不熟知，但名企可以通过网络了解其更多信息，以及企业自身的广告宣传无形中让人觉得是可靠的，这是自带的信任背书。

（2）企业环境。

求职者在进入企业面试时，有心而谨慎的求职者从进入企业大门那一刻开始，就会观察这家企业是不是他想加入的。企业的大门、前台、办公环境等内部的硬件设施及氛围都会影响着求职者的感受。毕竟一旦选择了这里就将是他每天 8 小时甚至是更长时间，除了家之外的第二个待的时间更长的场所。

所以企业办公环境，整体营造的氛围是不是求职者所喜欢的也很重要，尤其是重要或高端岗位，对这方面尤其重视。

（3）企业文化。

虽然求职者在面试时就那么短暂的几个小时，但他所看到的、接触的 HR 及面试官、感受到的环境及氛围，这一切都是企业文化的一部分。

如果是待人主动热情，洋溢着自信的微笑，一举一动体现着职业化的素养，面试高效且专业，自然会加深求职者的印象，无形中会提升他对企业的正向判断。

我之前去过一家知名企业，虽然是独栋大厦很是气派，但进入企业内部后，办公区域有些混乱，且让人感受不到工作的氛围，闲散的几个人也是表情木然，让人觉得很冷漠，并且等待的时候连杯水也没有，瞬间就有不想面试的感觉了。

所以，一家企业的优势未必只是名企，而是让求职者感受到它所传递的热情和温暖，让人觉得在这里工作不是压抑的而是快乐的，有正向积极的企业文化，这会提升求职者成功加入的原因所在。

2.11.3 求职体验

求职体验主要体现在 3 个方面。

（1）面试体验。

面试环节是求职者与企业直接接触，也是互动时间最长的一个环节，不仅最大程度上决定了双方是否匹配，也是让求职者体验最深的一个环节。

我之前面试过一家企业，面试官迟到不说，见面时也不道歉，开口就直接进入压力面试，说话咄咄逼人。作为 HR 的我都觉得实在是一种极差的体验，就更不用说是求职者，会被认为这是一种不尊重。

但可能事实只是面试官没有意识到这一点，或觉得这样的方式无关紧要，正因为是小的细节，往往却能对最终的结果起到非常大的影响。

毕竟人都有感性的一面，尤其是面试时双方从完全陌生到慢慢熟悉是需要一定的时间培养和过渡的，如果在这个过程当中，让求职者有一个更为舒适的体验，会为企业加分。

而这种体验一般会体现在面试的接待、面试的提问以及面试方法的专业水平上，包括面试官的修养等综合的面试体验。

（2）背调体验。

之前朋友公司就遇到过这种情况，录用了一名候选人，但突然就不来报到了，后经回访了解到是背调的过程给对方的感受很不好。

先是电话候选人让其提供背调的电话和联系人，然后 HR 背调那家公司没有得到关键信息时，又致电与候选人沟通其过往单位绩效考核标准以及绩效结果，让候选人由此反感而放弃了这份工作。

虽然背调工作对于核心或重要岗位是一个不可缺少的环节，但它也只是作为最终录用决策的参考依据，同时毕竟是一种调查，需要提前告知候选人需要其配合，这都是必要的，但如果老是以此麻烦候选人，就有些不妥了。如果公司自身背调困难或不方便也可以通过第三方进行，不要因小失大，从而耽误招聘进度甚至失去一名难得的人才。

（3）入职前体验。

当背调通过、Offer 也发送完毕，不要以为就万事大吉，在候选人如期报到之前，也就是入职前的这段时间，同样是双方尤其是候选人对企业考察的环节。

需要 HR 保持与候选人更好的互动，比如定期询问对方入职材料准备得如何，是否有其他困难或需要帮助的，或者企业也可以设计一些活动让候选人提前介入和参加，尽快融入进来，提升到岗率。

2.12 试用环节：新员工试用期，HR 需要做什么

我一直认为一个优秀的招聘 HR 并不能只关注于招聘的工作。对于老板来说，人选入职只是第一步，真正关心的是招聘的人选是否能给公司创造绩效。

所以当你招聘的人选进入试用期，是一个非常关键的时期，也许后面的很多工作你不负责，但学习这方面的内容对你的综合快速成长至关重要。

如果以老板的思维，新人入职，主要有以下 3 个方面的工作最为紧急及重要。

2.12.1 降低风险是关键

● 试用期试什么。

试用期作为劳动合同中的一个特殊时期，在这一时期，一方面是用人单位对入职的新人在思想品德、工作态度、实际工作能力等企业关注的方面进行进一步考察。

同时劳动者也通过试用期间的工作对用人单位的企业管理、企业文化价值观等是否认同的选择，双方实际上需要通过"试用期"的磨合和双向选择，确定是否需要建立长期、正式的劳动关系。

但在实践中，很多用人单位对试用期的管理概念模糊，更有甚者认为只要用人单位认为劳动者不合适，就可以随意解除并无须支付经济补偿，这样的认识可以说是非常可怕的，导致试用期内频发劳动纠纷和风险事件，这是企业最不愿意看到的。

所以，试用期风险管理是 HR 首要了解的第一课。

● 试用期风险管理的重点。

试用期风险管理主要有 3 个方面的内容。

一是企业的制度合法合规：如在试用期时长的约定、试用期工资福利的约定，以及试用期的解除规定等需合法合规。

二是企业的程序合法合规：如劳动合同的及时签订，员工入职一个月内须签订劳动合同；明确企业录用条件并让员工签字；第一时间进行企业各项规章制度培训并签字（尤其是高压线、薪酬绩效晋升、调岗等规定）。

三是结果的合法合规：若按照企业试用期评估结果，不合适的员工该如何劝退，做好员工离职管理。

2.12.2 提升体验是护航

新人进入一个陌生的环境，处于一个观察的状态，很容易因为一些细节或突发事件导致离职。

这也是我经常听到很多 HR 抱怨，好不容易招到的新人上班几天就离职，还有的上了一天班第二天就不见人了。尤其是劳动密集型或批量招聘的岗位，试用期内大量员工离职成为最头疼的挑战。

往往企业会花费很多时间精力与财力在招聘上，但新人入职之后让其处于一种散养的状态。即出现"给予新人的支持不够，试用期的评估不完善，新人试用期体验差的情况"是诱发试用期离职的主要原因。

所以在目前高流失率的今天，能够帮助新人更好地融入、提升其在企业各方面的体验，从而提升员工的敬业度就显得尤为重要，主要有以下 3 个方面的重点工作。

● 来自组织的支持。

这种支持是多方面的，比如来自 HR 的支持。

提供岗位相关的文件，让新人了解其岗位职责、岗位工作流程以及配套的系统支持、团队情况、甚至上级的领导风格，做好相应的工作准备和心理准备。

及时完善的岗位入职培训，让新人了解企业的发展历程、文化、行业及业务产品、客户等，对企业有一个整体、全方位、深入的了解，继而形成统一的企业文化。

新人入职前一周是一个坎，所以做好新人前一周的迎新仪式，给予一些生活中的关心，接受他们的反馈，也是非常重要的。

● 来自部门领导及同事的支持。

比如安排适合的导师或带教的师傅，让其关注新人的同时提供新人试用期内的技能辅导和跟踪，并定期进行在岗培训。

因为 95 后职场主力军的加入，使得新人在团队中更为注重工作环境，部门需要通过组织一些年轻人喜欢的活动或有趣的方式营造积极活泼的工作氛围。快乐工作，才有更多的工作热情和创造力。

目的是让新人快速融入环境的同时能够在试用期内更快出成绩，展现自己的能力，更有成就感。

在试用期内，磨合关系并不容易，需要较长时间的努力。

一方面与新人自身能力有关，同时需要新人自身更多的努力，但 HR 如果能够在这方面给到新人支持也是非常有必要的。毕竟新人对公司的大部分人员是不了解的。

HR 可以协助其与前任正常有序交接工作，而不是让新人接下一堆烂摊子，让其对新的工作岗位有一个清晰的了解。可以在迎新会上或移交仪式上对关键成员做介绍，增强彼此的互动与了解，还可以是让新人在遇到问题或困惑时随时找 HR 沟通，作为一个中立的信息接收和反馈站，在其中做好沟通与协调的角色。

如果新人与新公司尤其是新的团队、新的领导，以及需要打交道的关键人员建立了良好的互动关系，不仅有利于其存活，也对其工作开展和绩效都会产生很大的帮助。

2.12.3　达成绩效是根本

新人胜任岗位达成岗位绩效通过试用期，这是部门领导也是老板最终想要看到的，而达成这个目标是有前提的。

（1）清晰的试用期目标管理。

如前面所述，很多中小企业对于新人是散养的状态，以至于到试用期结束了让部门提供反馈时，除了明显不合适的，大多均以"还不错、还行吧"来进行多为主观的判断，导致新人试用期通过后却发现其实并不合适，这其中无形中增加用人风险的同时，高绩效也很难产生。

导致这种状态的第一个原因是因为没有设定新人的试用期目标。可能试用期会安排新人很多工作，但没有清晰明确的目标。

目标须遵循 SMART 原则（S=Specific、M=Measurable、A=Attainable、R=Relevant、T=Time-bound）是为了利于员工更加明确高效地工作，更是为了管理者将来对员工实施绩效考核提供了考核目标和考核标准，使考核更加科学化、规范化，更能保证考核的公正、公开与公平。

具体的目标可根据不同企业的要求、岗位的要求而定，同时建议在试用期内给到新人的目标是从易到难、由简到繁，循序渐进的方式进行，让其一步步取得成绩不断肯定自己，从而去达成更大的目标。

有些企业希望新人在短时间内取得很大的成绩，这种急功近利反而不利于新人的能力发挥，像在阿里巴巴对于空降兵的管理层新人，头三个月不需要其进行变革即所谓新官上任三把火，而是更多地用来融入、观察、学习和沉淀。并且以书面的形式明确目标，让员工有明确的方向，同时也可以作为试用期评估的有效依据。

（2）完善的培训体系。

比如阿里巴巴在新人的培训方面做得非常完善和全面，对其职业发展观、职业发展术、从校园人到职业人、多样化的成长路径、硬技能包括领域知识、架构思维、工作实践、流程与持续改进、基础能力胜任要素、领导力阶梯、包括新人可能面临的困惑。

海底捞同样在新人培训上不马虎，而是从公司的目标、服务宗旨、员工行为规范、各项制度、流程及发展路径要求做了非常细致的规定。

一个好的培训并不仅仅在于技能的培训，而应是多元的全方位的内容，同时培训的形式也可以更丰富，适合不同的培训对象，具体可根据企业自身实际情况、不同岗位特点及要求决定。

（3）必要的跟踪反馈及评估。

《哈佛商学院最受欢迎的领导课》中指出"有效反馈与人才评估，是绩效管理的重要课题，也是实现愿景的必要步骤。"

意见反馈是驱动员工执行要务最有力的一种管理方法。尤其是对于试用期内新人，往往因为其初加入企业和团队，更能客观地发现其中隐藏的问题。

关于反馈需要注意的有如下两点。

①双方之间反馈的是否具体、客观，公司是否营造了积极反馈和接受反馈的文化，这在一定程度上决定了新人是否能够做到没有顾虑地表达个人意见和诉求。

②正确对待反馈，同时积极接受和处理反馈的意见。

而关于评估需要注意的有如下两点。

①及早评估，根据下属的工作表现及时给予反馈意见，不要等到试用期结束评估。

②以开诚布公的方式进行：讨论他们的优势，弱点及可能采取的补救措施。讨论过程越坦率、次数越多，指导效果就越好。

HR 关注试用期人员留存，是 HR 的分内职责。

更高阶的能力不仅是所招聘的人员保留率较好，还能帮助其达成好的绩效通过试用期考核，这是加分项，是直接可以量化的成果。也就是招聘的最后一个环节"结果验证"。比如公司一个月招聘10名电话销售专员的任务目标，你成功招聘入职10人，1个月的试用期后，还有9人在职，6人通过试用期考核（绩效达标），你的招聘量化结果是招聘完成 100%，人员流失率 10%，试用期通过率 60%。然后对标公司的要求或最好的成绩，来验证你的招聘成果是属于不合格、合格，还是良好或优秀，这个将决定 HR 在公司中的地位及影响力。

第3章

一学就会的招聘实用小技巧

3.1 五看"应聘登记表"，帮你识别伪人才

一次，小乔问我有没有比较简便的、效率高、成本低的办法来筛选一些明显不合适的人。

我说："每一个过来求职的人是不是都会先填写一份'应聘登记表'？"

"是啊，每个来应聘的人面试之前都会填写。但我觉得不是还有简历吗，有什么作用吗？"小乔不解地问。

我笑着对她说："你可别小看这个表哦，既然让填它，一定有它合理的地方，我就借这个表来给你分析一下吧。"

应聘登记表，对于规范一点的公司，是例行手续，内容设计也相对比较全面。也有的公司就是寥寥数行，涵盖最基本的信息，甚至不用填写，直接面试。

但可千万别小看了这份看似简单的"应聘登记表"。无论是从内容的设计上，还是从求职者填写的内容上对求职者进行分析和评估，都非常必要且重要。

3.1.1 看字迹

HR看过很多的纸质登记表，相信会有一个感悟。不怕字难看，就怕不

想看。写得不好看，是技术问题，不好好写，就是态度问题。

试想，你会招聘一个第一次面试就态度不好的人吗？就像相亲，第一次见面，就态度随意，你觉得还有沟通下去的必要吗？

不好好写的表现之一：字迹太潦草。

挤到一块似乎就不想让你看明白他写的是什么。我碰到过一位求职者，连姓名都带猜的，我怕猜不对，显得不尊重人家，就只好直接问他："不好意思，您叫什么名字？"。试问若连自己的名字都不用心写，我们还能奢望他能用心工作吗？

不好好写的表现之二：涂改多次。

一般涂改三处以上，即表明此人很粗心，或是有说谎的嫌疑。

一次是不注意，二次是粗心，三次就是想有所隐瞒了。粗心不算错，但想隐瞒 HR 可要注意了。不优秀不可怕，可以变优秀，但内心游移不定、不敞亮，可就是品行的问题了！

我就遇到一位求职者，没有写完整不说，一眼望去好几处涂改。经过我的层层盘问，一些问题就慢慢浮出水面。然后我就转问他们公司的情况、部门的情况、薪资结构及福利的情况，他以为我对她越来越有兴趣。其实，我只是想做个同行的市场调查。

3.1.2 看完整度

一份表格填写得是否不完整，也能看出一个人的态度。

一般出现两处以上的空白，且空白内容是不需要保密的，说明求职者的求职态度随意、服务性及忠诚度差。

就像你通知几个录用的新人报到。报到那天，有些人的资料零零散散缺这个缺那个，而有些人就可以做到资料齐全并且该签名的地方提前签好字，还会放在一个专属的袋子里。

从这些细节，都能看出一个人对这份工作的重视、态度和用心程度。

优秀的人会在意细节，因为每一份你做出来的东西都代表了你自己。甚至，我还遇到过普通岗位的人员，来面试不带简历，让他填写一份应聘登记表，反而说"我要先了解了解再说"。连这点配合意识都没有，说明此人并不重视此次面试。

"不好意思，不填写表格无法面试"。听我说完，他只好悻悻而去。

在一个企业里，即使是高管，相对于整个团队，个人的力量也是微小的。若太把自己当回事，没有团队意识，这样的人很难和公司共进退。

3.1.3　看基本条件是否匹配

比如住处远近、年龄、职级、待遇等基本条件上是否匹配。

现在的年轻人，上班超过一个小时，对于他来说，也是一个必须要考虑的大问题。

年龄上，如果是普通员工到基层管理者，一般需要 3 ~ 5 年的时间，年龄在 26 岁以上；中层管理者一般在 32 岁以上，高层管理者一般在 40 岁以上。

若 30 多岁未做到中层，则其发展潜力值得斟酌，个人规划需要进行分析。如果是年龄和职级出现巨大的反差，则需要深入了解，是否有所隐瞒。

待遇，也是表格上非常核心而重要的内容。但对于大多数人来说，薪资比较敏感。有些会空着，有些会写上一个整数。这些信息都非常宽泛，需要我们进行分析、追问，才能得到你想要的答案。

比如对方上一份工作的薪酬结构是怎样的，每个薪酬项目的大概数额是多少，绩效如何考核，有哪些关键绩效指标，各占多少权重。

你问得越细致和越有技巧，那些有意隐瞒的、虚假的信息便会在你的层层提问之下浮上水面。

3.1.4　看工作经历

（1）重点关注工作的连续性。

是否有断层，这个断层的时间，候选人是去做了什么，为什么去做，为什么不体现在简历上，他有意隐瞒的原因是什么？他在担心什么？

除了不想 HR 认为他不稳定之外，通过这个中断的时间，以及做的具体的事情，你还能了解到更多信息。

比如我之前遇到过一位求职者，最近一份工作与上一份工作之间有半年的空档期，于是我问他这半年去做了什么，他回答说是去创业了。于是我又和他聊，为什么要去创业，创业的过程和最终的结果怎样，以及他自己是如何看待他这个创业经历的。

创业本身其实是一件好事情，说明这个人有想法，也有一定的能力，但这个半年时间是很短暂的，是不是就代表这个人对一件事情的坚持度和韧性不够呢？还是说他隐瞒了真实的创业时间？所以，通过这种方式，一方面是核实了对方简历中某些内容的真实性，另一方面也能通过对方的关键经历、特殊经历的了解，而获取对方更多的信息，来帮助你更好的判断。

（2）从稳定性上分析。

一般在一家公司两年最为合适，3 ~ 5 年为稳定，1 年内出现 1 次以上的跳槽则稳定性差或不能胜任，需要慎重考虑。

（3）从职业定位上分析。

如果几次工作异动，都是跨行业的，则个人职业规划、自身定位较为模糊。

（4）服务企业的背景。

从知名到不知名，职务收入一般，是不是能力有问题；从不知名到知名，职务收入有提升，需要待考察；长期服务于非规范的企业，则整体水平一般不会太高。

一个人的成长轨迹是有某些规律和特点可循的。从过往预见未来，虽不是绝对的方法，却是一个相对可靠的分析手段。

3.1.5　看简历和登记表的同类信息是否匹配

看简历和登记表的同类信息是否匹配，是考察应聘者应聘信息的真实程度。不要太高估一个人的记忆力，尤其是成年人。看应聘登记表中关于学历、婚姻状况、工作经历、任职时间等核心内容上，是否和简历的同类信息一致。

不匹配的地方就是求职者想隐瞒的内容所在。我曾见过一个求职者，35 岁，简历上婚姻状况明明是已婚，但在应聘登记表中家庭成员一栏，包括紧急联系人，写的却是自己父母的信息，没有任何关于妻子的信息。

这样的填写方式是不符合正常人的思维逻辑的。在我的追问下，原来是离异状态。

应聘登记表就像一个识别人才的窗口，它反映了一个人最开始的真实态度、基本能力特征和心理动向。

通过求职者填写的内容，来层层剥开伪装的外衣，将他在最开始就拒之门外。不仅会把好人才选拔关，避免可能出现的用人风险，更能锻炼你识人的"火眼金睛"。

3.2 5W3H 招聘法，帮你解决招人难的问题

热播的《猎场》让我对猎头的角色有了新的认识。那就是，一次成功的招聘真的关系到方方面面的因素。你的经验、你的思维、你的行动力，以及你的人际关系等。而企业中的招聘，除了以上方面，因为企业体制和内部环境的问题，想把招聘工作做好，并不比猎头容易。尤其在招聘效率和质量上可能会更重要。

如何提高招聘效率和质量，做到精准招聘，可从 5W3H 招聘法开始。

3.2.1 Why：招聘的原因、目的和招聘的目标

在开展招聘工作之前，先弄清楚企业为什么要招聘，开展招聘活动的目的是什么？招聘活动要达到什么样的目标。是正常年度招聘计划在招聘，还是新项目成立的需要；是人员离职补充，还是有重要的在岗人员不能胜任目前的工作而寻访替代的人才。是按照既定的计划需求进行补充，还是因为产

生了新的需求，岗位人员的数量和要求是否也需要做调整。招聘的人员，是应短期内的项目补给，还是需要符合企业长期的要求，想长期持有。

以上这些问题都需要企业 HR 要和企业领导层、业务部门领导或客户方进行深入沟通，同时了解企业或客户方的发展战略和业务情况，对企业内部的人员情况也要一清二楚。

只有明确了原因、目的和目标，招聘工作才能有的放矢。

3.2.2　What：招聘职位、人数和条件

HR 要清楚地知道企业内部有哪些职位是充足的，哪些职位是空缺的，或者即将空缺需要做出人员填补准备的。避免出现 HR 辛辛苦苦面试了很多候选人，用人部门始终不满意，或者是好不容易招到合适的人，而用人部门或老板却临时决定不用了或需求量又有了新的变化。这会让 HR 很无奈，招聘工作非常的被动。

HR 需要和企业领导或用人部门进行深入的沟通和了解，在清楚了招聘的目的之后，若无法通过内部方式竞聘或补给，需要通过外部招聘，更要明确要招聘的人数和人才所需要的基本技能、素质。并且有详细而具体的招聘方案和流程以及书面的签字文件作为参考和存档，一是方便招聘时的参考，也是一份招聘依据，若招聘工作后期出现重大调整时，作为查询问题的根源以及如何改善的依据。

3.2.3　Who：招聘的组织构成

招聘的组织构成即开展招聘活动的人员构成情况，有多少人参加招聘工作，负责招聘的人员其招聘经验或擅长点在哪。

哪些人负责寻访，哪些人负责试题的准备和面试考核，哪些人又负责面试后的候选人跟踪和 Offer 谈判以及录用等一系列事宜，以及招聘团队有没有进行会议的计划布局和沟通，是否将招聘任务及时间点进行有效分解。

招聘，是一项对细节及整体有较高要求的活动。没有对全局的把控，无法有效推进招聘进度和质量。尤其招聘需求量较大或招聘的岗位非常高端或难招的岗位，负责招聘的团队是否工作分配合理合适，是否专业或高效，都决定了此次招聘活动的成败。

3.2.4　Where：招聘的渠道

是内部推荐还是外部招聘；是网络招聘还是通过专场招聘会；是利用传统媒体还是像微博、微信或公众号等形式的新媒体招聘；是企业 HR 或招聘团队正常开展招聘即可，还是必须要动用到猎头公司才能满足需求。

不同行业，不同岗位特点，招聘的数量及岗位的要求，与目前企业发展的阶段、招聘预算、在职人员结构等情况都有很大的关系。

因此，HR 接到招聘任务，不是马上着手招聘，或是采用企业目前惯用的招聘渠道、资源。应坐下来，对需求岗位进行深入剖析，这样的人员若无法通过内部解决，那外部一般都会在哪里出现。企业目前的招聘渠道或方式是否合适或是能否满足需求。

精准的渠道决定了你找寻人才的效率和质量。

3.2.5　When：招聘的具体时间安排

有一家集团企业委托猎头招聘营销副总裁。猎头顾问几经寻访筛选，推荐了一家知名上市公司的副总裁 × 先生。

× 先生有名企经历，也有骄人过往业绩，而这家企业对 × 先生的简历也表现出了极大的兴趣。

就在 × 先生乘飞机来这家企业与老板面谈，时间原定于 8 月 7 日下午 3 点，却在当天下午 1 点半，时间临时要调整到下午的 6 点。等到终于见到企业老板时，只聊了 15 分钟就出来了，因为老板又有重要事情需要处理，马上要走，需要改约。

X 先生对此很生气，拒绝再次沟通，对企业的印象极差。

这就是一例因为典型的面试时间安排不合理导致的招聘失败，不仅产生了不必要的成本支出，浪费了彼此的时间，也对企业的雇主品牌造成了负面影响。

招聘的具体时间，指的不仅是具体的招聘开始或结束时间，还要确定什么时间段进行简历筛选，什么时间初试和安排复试，以及面试的时间为多少、通知候选人的时间等。

这些时间段以及各环节的时间设置，都是一项非常细节和需要重视的工作。若因为某个环节没有考虑到位，或有所遗漏，就会对整体的招聘工作以及最后的招聘结果产生影响。

3.2.6　How：招聘考察方案和流程

在招聘之前，HR 就要确定此次岗位招聘的考察方案，即通过什么样的手段考虑候选人。而不是等人选即将到公司面试了，才考虑如何面试考核或直接应急上场。

是采用无领导小组面试节约面试时间，还是通过一对一沟通更精准有效；是通过聊天式了解候选人最真实的背景和经历，还是需要采纳严谨而科学的结构化行为面试法。

3.2.7　How much：招聘预算

招聘预算即从开始招聘到整个招聘活动完全结束预算是多少，以及在招聘的过程中，岗位招聘初步预算是多少，后期可能会产生哪些费用，需要保证这个预算有一定的弹性，如果花费较高，需要提前和领导沟通，以及和相关部门协调好，说明需要花费的地方和理由。

一次招聘的效果，不仅体现在招聘所花的时间、招聘到位的人员数量和质量，所付出的成本也是非常重要的考核因素之一。

招聘成本过高或招聘质量与成本落差较大，都不是一次较佳的招聘，企业更愿意用相对较合理的预算招聘合适的人才。

3.2.8 How to：招聘简介及广告

招聘活动其实就是企业的另一种营销活动。人才是企业面对的客户，为了吸引人才，企业需要在招聘简介和招聘广告上花费一些心思进行考量，写出吸引人才的亮点，让人才对企业有更多信任和认可。

有很多企业的招聘简章看似很正常，却大多平庸无亮点或无让人触动的细节。

HR 要善于挖掘和分析企业的优势和亮点，若作为 HR 都对企业的情况了解不深入，或本身对企业的认可及忠诚度不够的话，又何谈营销，去说服优秀的人才加入企业呢。

猎头之所以有时比企业的 HR 招聘能力更强，除了对行业和候选人更多的关注之外，所付出的时间及工作的方式也会不一样，并且猎头公司大多专注于某个行业的招聘工作，在寻找人才的工作上，猎头公司相对更高效、精准，方式更多，目的性更强，所以更容易成功。

3.3 快速批量招聘达成，就得这么用 RPO

小乔和我说最近他们公司签了一个 RPO（Professional，专业机构），让她来负责日常的一些对接工作，比如将公司的介绍、岗位情况、招聘要求等提供给对方帮助招聘，然后对方安排人过来由小乔负责接待。每个月还要统计对方一共送了多少人过来，实际面试通过和入职的是多少人，最终以入职的为结算费用的条件。然而最近合作商突然和小乔提议，现在是淡季，人不好招，需要加价。于是小乔先问我一般招这样的岗位，市场价是多少。

对于劳动密集型企业，或每年招聘量在上千人的企业，招聘一定是一个绕不过去的关键难题，所以招聘渠道、招聘资源成为关键。

所以，对招聘需求量大且比较稳定的中大型企业来说，启用外部招聘合作商、第三方代理招聘机构成为必要的渠道之一。虽然通过"借力"增加外部招聘供应商可以快速解决企业批量招聘难题，但前提是要先选择适合的渠道、通过过程管理有效地提升运营效率，同时加强彼此间的沟通配合。

根据我了解到的启用外部招聘合作商，同样可能会出现如下让企业头疼的情况：招聘的人不合适、浪费了企业大量无效的面试时间、交付的目标无法达成或质量不佳、影响了企业的品牌美誉度、招聘成本居高不下等状况。

这里，从 4 个方面来谈谈 HR 该如何有效管理外部招聘供应商。

3.3.1　不要追求过度的"集中统一"，应"适度多元"

我曾经任职的一家企业，每年 800 人左右的招聘量，招聘团队两个人，外部供应商竟然只合作 1 家。

这个供应商承接了一大半的招聘量，但合作价格并不优惠，并且每年公司都不得不附和着对方接受其涨价，以及在合作一两年后当一项紧急项目上线或出现新业务出现招聘需求时，对方也不会对任务做出完成的基本保证。

可能很多企业想尽可能"少"地选择供应商，以期望得到最优的服务条件、最大限度地成本控制、最简洁的日常服务与管理接口。但是，这样会出现"一家独大"的局面，完全依赖上对方，会让本是甲方的企业失去对合作的掌控，且极有可能会在招聘旺季因为一家无法满足需求而严重影响业务。

适当"多"地选择合格供应商，博采众长、优势互补、良性竞争，才能够使企业和员工得到更好的服务，实现"真正的性价比最优"。

3.3.2　选择合适的供应商，才会事半功倍

曾经就合作过一家供应商，本来让其交付的任务是 1 个月的时间到岗 50 人，实际情况却是 5 个人（面试 30 人，上岗率只有 16%），并且这 5 个人的结算费用，单价是我们内部招聘专员招聘计件的 3 倍。

性价比差也就算了，还耗费了我们一个人力日常大量的面试，和对接沟通的时间成本。待我们复盘时，发现对方并不是合适的。

一是对方之前完全没有招聘此岗位的经验，当时只想占领此岗位招聘的市场而接下任务。

二是此岗位招聘不是其业务重点，没有因此成立专项招聘组，再加上没有经验，结果惨淡是自然的了。

所以，在甄选招聘供应商的时候，有几点务必把握。

（1）了解其企业定位：对方合作的诉求，是想尝试下不同招聘市场，把你当成靶子，还是想长期作为重点合作对象而极度重视。同时不是"越大越好"，因为大供应商会"店大欺客"，反而是"小而美"或许更合适，积极且灵活。

（2）知己知彼：对方的业务种类、内部招聘团队的分工、招聘的流程，以及给哪些企业尤其是同行招聘了哪些岗位，成功案例有哪些，有哪些好的招聘经验，对彼此的合作有哪些行动计划等，需要做深入细致的了解，再结合我司的需求和要求，看是不是匹配。

（3）选择合适的合作方式：是按照人头计费，还是招聘业务全包，具体要看岗位的要求和流失率，以及对方的实力而定。并且对合作价格、结算周期、有无违约条件和其他重要条款等内容进行协商，达成一致。

通过甄选合适的供应商，不仅可以节省你更多的时间成本，还能提升你的企业招聘性价比和品牌美誉度。

3.3.3　要结果，也得管控过程

对于供应商的考核要求，可能不同企业要求不同，个人理解的有以下几层。

（1）结果的交付能力。即在要求的时间节点前超额完成目标任务，尤其是在招聘需求紧急且不确定的企业尤为重要。

（2）交付的质量。即较高的初试通过率、复试通过率、上岗率、胜任率，和较低的流失率。

（3）企业品牌保证。因为这也是一种企业品牌宣传的方式，而不合适的供应商或招聘的方式有问题会直接影响到企业的品牌美誉度。为了保障结果达到企业的预期，需对过程进行管控。

首先，阐明企业合作的目的、要求，双方达成理念及目标上的一致。

其次，让其对企业有一个全方位及深入地了解。比如企业的业务是什么，此岗位在企业的定位，以及该岗位短期和长期的需求目标。

再次，提供该岗位的"招聘指导手册"：包含岗位职责、任职资格、岗位特质画像、岗位亮点、痛点解释（又叫缺陷弥补）。让作为对方即使出现招聘新人来负责此岗位招聘，也能快速了解该岗位适合招什么样的人，以及电话邀约时对照此指导手册来进行沟通，既能提升招聘效率，也能增强招聘准确度。

然后，做好日常数据统计分析：如招聘周期内的面试量、初试通过率、复试通过率、上岗率、胜任率和流失率，定期检验交付的质量，以及招聘费用的核算，根据最后留存的人数及质量进行总结分析性价比如何，针对出现的问题及时去沟通、调整和改善，以及评估是否需要更换供应商。数据是最公正客观的，也是让你最有抓手的工具。

最后，日常对接和管理。比如企业招聘任务下达后，对接负责人如何做好目标管理，即对供应商做目标分解和跟踪，如何提升面试的效率，减少无效沟通，以及保证双方对接的顺畅高效。若是长期合作，如何在提升合作质量的同时，让对方以优惠的价格提供更及时更好的长期服务。就需要企业也要做到换位思考，不要过于"甲方思维"，而是互相融合，配合默契，共同发现问题，及时改善和提高。包括在有多家供应商合作的企业，增加一些有效地对供应商的激励性措施，比如调整更好的合作方式，每年根据交付质量进行调价或给对方介绍其他业务，以及年底评选最优供应商，都是非常不错的激励方式。"共生发展"双赢才重要。

对于 HR 来说，管理是门艺术，更是门技术。管理并非只管理下属和团队，管理好供应商，既保障了公司业务发展，也能提升个人的管理能力。

3.4 做到这几点，轻松搞定校招

校园招聘几乎是每家企业都会采用的招聘渠道，只是会根据企业及岗位的不同情况，定位其是主力渠道还是补充渠道而已。而大多数我们熟知的名企如华为、联想、美的，都将校园招聘作为自己的主力渠道。

为了让大家尤其是招聘新人对校招有一个完整、体系化的概念和认知，我将从校招的优势与劣势、校招的整体规划、校招的基本流程、校招注意事项4个方面重点介绍。

3.4.1 校招的优势与劣势

优势1：招聘数量可预测，时效性高。

相较于其他的招聘渠道，校园招聘的参与人数是相对可预测的，能预估大概收到的学生资料。如果前期和学校有过充分沟通和合作，能直接明确多少人数的学生可参与面试，最终达成录用意向的速度相对较快。

优势2：面试评估相对容易。

相较于社招生，因为校招的学生专业分类清晰，筛选容易，学生的能力优势明显，匹配性评估变得更容易。

优势3：人力成本相对偏低，人才性价比高。

虽然国家对应届生的最低工资有硬性标准、不同专业的学生也有社会性约定起薪值，但比起同类岗位的社会人，薪酬仍然偏低。排除一些高技术或研发类岗位，大多数实习生或应届生因其身份及工作经验的欠缺，企业录用的薪酬偏低，也就代表企业的用工成本低，人才性价比高。

优势4：工作投入度高，成长速度快。

刚毕业的学生没有家庭负担，父母对其工作的支持力度大，个人充满理想，学习动力强，使得工作投入度高，成长速度快。

优势5：有利于雇主品牌的传播。

有数据表明，校园招聘的内部推荐是最近两年很受欢迎的招聘方式。校园招聘的庞大群体，以及师兄师姐的背书会更有利于传播企业的正面形象和影响力，通过与师弟师妹们展开交流，又是很好的帮助企业做宣传的机会。

劣势 1：参与成本高。

一场校园招聘的开展，需要多方面的准备，比如校方的沟通谈判、场地的安排布置、准备适合学生的企业宣传资料及互动礼品、安排专门的人负责等这一系列，都需要企业付出极大的人力物力与时间来进行精心筹备和准备。

劣势 2：经验值低，培养成本高。

学生因相对缺乏职场与工作经验，在岗位需要的知识、经验、技能，包括一些心态上都需要企业付出极大的耐性与成本进行培训和培养。

劣势 3：稳定性差，管理难度大。

因大多学生在就业初期都会有迷茫，不确定自己终身发展的职业，造成一种不确定性，因此导致有很高的人才流失风险。并且当一个或几个学生有了离职的想法，很容易对现有团队形成冲击，尤其是同一批招聘入职的同校学生，容易引发集体离职，给企业造成很大损失。再加上学生新人自我意识极强，不容易受职场规则束缚，容易打破团队管理的平衡，增加管理难度。

3.4.2　校招的整体规划

（1）校招时间。

一般校招有 3 个时间点：每年的 3 ~ 4 月、8 ~ 9 月、10 ~ 11 月。

（2）校招的需求或目标。

为了有效完成校招任务，哪怕是一次需求量不大的校招，都应提前计划人才需求缺口，明确本次校招的目标。如果是定期需求量大且非常重要的岗位，就更应提前确定需求和招聘目标。

比如海南航空把总部和各产业的全球招聘总监聚到一起成为一个 COE（人力资源领域专家）团队，团队每年负责明确全年度的国际化人才需求缺口，这个缺口一般是结合各个分公司的需求以及未来三年的全公司需求，提前做好需求的规划，才能做到有的放矢，避免出现"救火"、人才断层的现象。

（3）校招的形式。

目前，因各家企业综合实力、自身情况以及对校园招聘定位的不同，会表现不同的形式，可以全面深入也可以从简执行。

介于目前网络信息化时代，及贴近学生实际情况，线上化、系统化实现校招是未来的趋势。比如远程线上面试受年轻人追捧，认为省时省力又省钱。

通过系统实现简历的收集、筛选、笔试、测试和自动分析，包括最终的录用、入职，通过线上系统化实现完整校招流程闭环，还可以因此对整体校招工作进行全面的数据分析。

另外，整体的校招规划中，站点的设计、宣讲会的组织、招聘流程的梳理等又是其中格外重要的环节。

3.4.3 校招的基本流程

一般分为：确定校招目标、前期综合准备、宣讲会、网申、筛选、笔试/测评、面试、体检、录用、入职等环节。这里就其中比较重要的环节进行说明。

（1）前期综合准备。

比如提前联系院校，预定场地、制作宣传海报与手册、材料准备、协调企业高管或者历届学长学姐参与一系列事宜的安排。

因准备工作相对繁杂需要考虑全面，建议列清单，从事和人两个层面事无巨细详细列出需要准备的工作。

（2）宣讲注意点。

首先，需要选择合适的宣讲人并提前将校招计划、流程、时间点等信息与其进行沟通确认，包括必要的培训。其次宣讲时建议不能只宣讲企业想要传递的内容，而应提前了解学生的大概想法和诉求以及想要关心的信息，现场穿插一些答疑或互动的环节，效果更佳。

（3）笔试/测评。

在对学生的评估上，一般企业喜欢使用关于性格、岗位胜任力、认知能力的测评或一些在线考试系统。

有数据表明，有 63.1% 的企业在校园招聘中评估了候选人的岗位胜任力素质，46.5% 的企业评估了候选人的性格，44.9% 的企业评估了候选人的认知能力。

其中，胜任力测评一般由多项胜任力组成，构成候选人的"软实力"，主要用于评估候选人与企业特定岗位的匹配程度，也有少量用于评估候选人与企业文化的匹配程度。企业选用的人才评估工具与其对人才的期待匹配在一起，形成了对校招人才标准的基础定义：与岗位或者企业适配度高、学习能力强、专业知识 / 技能储备度全面、个性好。

3.4.4 校招的注意事项

（1）面试站点的规划。

有些大型企业的校招会在一个周期内涉及多家不同区域的校招，因此需要设计和安排好多组人、多条线依次或同时推进，我们建议这样的巡回式校招中，招聘的流程以面试站点的形式开展，在多个地区顺次或同时进行宣讲、筛选、面试环节的校招组织方式。这种方式可以更好地锁定不同院校的具体招聘内容。

（2）做好宣讲后期维护。

宣讲会结束就真的结束了吗？ HR 们辛辛苦苦组织的宣讲会，在结束后需要立刻做以下工作。

一是进行宣讲相关的数据统计，比如现场参加到场的人数是多少？加入企业招聘微信群或提交企业线上招聘平台的简历有多少？初步合适的又有多少？

二是进行跟踪维护，对合适的人选进行跟踪并安排后续工作。

三是对宣讲进行复盘，有没有达到预期目标，做得好与不好分别是什么，好的部分如何进行网络宣传争取更大范围的传播，吸引更多优秀的学生，不足的原因是什么？后期如何改善。

（3）提升体验感。

避免因人才竞争白热化，会出现很多企业，甚至是企业的不同事业部在同一个招聘现场进行抢人大战，HR 或面试官在与学生群体沟通时表达不严谨，整体招聘工作执行中不专业导致学生对企业信任降低、体验感较差的情况。

有研究数据表明，毕业生在校园招聘中，首先看重的感受是企业招聘中展现出的专业性、科学性、企业特色和公平性。其次，求职中"被礼貌友好地对待"和"企业在各环节及时反馈结果"也不应被忽视。尤其是反馈，很多学生特意强调了"不论是否通过，都期望企业能及时反馈结果""不被尊重会让我对 Offer 一票否决"等感受。此外，企业在人才测评的环节，也需要努力创新，目的是让时间更短、作答更轻松，要符合年轻人的心理特点。

3.5 如何找到"幸福型"90 后——90 后选拔指南

目前 90 后已占领职场，但相信各位面试官会有一个共识，招聘优秀的 90 后人才似乎是一个挑战。

因为出生率的下降，以 90 后为主体的劳动力和人才供给总量将出现持续、快速且大幅度的下降，再加上 90 后群体的两极化特征，也会进一步减少合格人才的供给，使得招聘和吸引 90 后将变得越来越难。

而唯有具备选拔和吸引这一年轻化群体的核心优势的企业，才能在这个激烈的人才抢夺战中处于不败之地。

3.5.1 了解 90 后求职特点

个人认为哈佛大学哈尔教授的幸福模型最适合分析 90 后的两级化趋势，如下图所示。

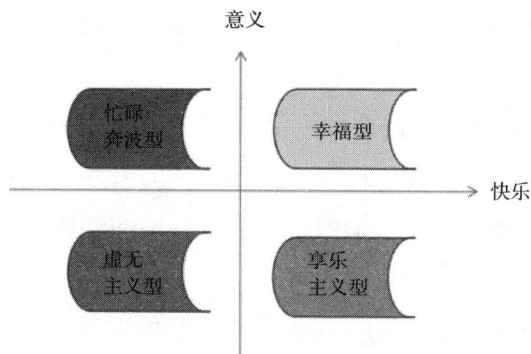

在这个模型中，有研究认为 60 后、70 后整体上属于"忙碌奔波型"，为了未来可以牺牲当下的快乐；80 后们更懂得享受生活，他们大多追求"快乐至上"，而沉重的经济压力又让他们习惯回避思考生活的意义，属于"享乐主义型"；90 后，问题开始变得复杂，几乎没有中间人群，要么是"幸福型"，要么是"虚无主义型"。前者即使是玩，也可以玩得很有意义，而后者即使是笑，也笑得很无力。这就说明 90 后的社会性需求不强，而两端的本能性需求和自我实现需求都非常强烈。

体现在面试中，你会发现一部分 90 后求职者喜欢结伴面试，甚至更依赖同伴而选择一起入职，稳定性欠佳，学习力强但耐心不足，且不接受加班。

还有一部分"幸福型"90 后则是企业争相抢夺的对象：态度积极，目标明确，且接受度高，愿意为了压力而去挑战自己，相比较稳定的工作，更看重平台的发展，懂得在工作中去平衡企业和自我的双重需求。

3.5.2　如何招募和吸引"幸福型"90 后

（1）清楚他们"在哪里"。

90 后对于工作所赋予的意义早已和之前的求职者有很大不同，很多时候会为了兴趣而选择一份工作，也就代表着，企业需要有比以往更多、足够大的空间里去寻找我们想要的"幸福型"90 后员工。

据专业机构统计表明，传统的招聘渠道收集的有效简历不足 5%，而过滤剩余95%的无效简历就成了管理者不得不做的工作，校园招聘则是"应者众，从者稀"。

一个很重要的原因是它们不再符合90后受众的使用习惯，90后是在互联网中长大的一代，他们具备了很强的虚拟沟通能力、快速收集信息的能力和多任务处理能力，而相比较现场的招聘会，那样的环境，让他们多少有些恐惧或不自在。

（2）更具传播和覆盖面的"微博招聘"。

微博招聘的前提是这家企业的微博要在行业内非常知名，具备庞大数量且活跃度较高的粉丝群体。

比如某公司用微博招聘的方式招聘"足球编辑"，一周之内就收到简历200余份，虽然专业背景和经验不同，但唯一例外，都热爱足球，通过初步筛选，进入面试环节的共有22人，80%以上的人如约参加了面试，最终成功入职5人，还有相当一些优秀候选人因为编制的限制不得不忍痛放弃。

（3）成本较低却精准的"公众号招聘"。

本人上次参加过一次某公众号举办的写作课，该写作课的举办者也是这个公众号的创始人，他从一个名不见经传的小企业发展为互联网上较知名的自媒体，与其背后的专业团队分不开。其团队里的员工95%以上都是90后，而他就是靠着鲜明的公众号定位、行业内的影响力以及共同对写作的热爱，吸引了这群90后。

因为同样的兴趣和价值观而来，入职之后他们会普遍表现出更高的工作热情和忠诚度，这种方式有利于组织更轻松地将"幸福型"90后人才挑选出来。

（4）小而美的APP招聘。

虽然还没有被大范围推广和宣传，但也是90后群里比较喜欢的一个招聘渠道，小而美，沟通更简单、方便而直接。微信、脉脉、知乎、今日头条、抖音等社交媒体的渠道方式，也是年轻人喜欢的聚集地。

也就是说，在渠道的选择上，尽量使用90后习惯使用，乐于接受，喜欢活动的区域及渠道上。

3.5.3 岗位"再设计"提升吸引力

事实表明 90 后不愿意从事简单、重复性的工作。要解决这个问题，则要从兴趣、意义和性价比来优化岗位。兴趣，不仅在于好玩，在工作设计中，它的内含是好玩又有挑战。

一份好的工作可以引发参与者不断探索和迎接挑战的欲望，由此将人的主观能动性和个人价值充分发挥出来。

有这样的一个案例，诠释了这个道理。

我们都知道，洗车是一种极其无聊的重复性工作，人员流动性极大。那这家公司每月都有超过 20% 的洗车工离职，即使提高清洗每台车的佣金也不能改善这一状况。

这对一家有 2 000 多名洗车工的公司来说，是一个巨大的损失，并大大增加了公司运营的成本。公司每月都需要招聘 400 名新员工来弥补人力损失。

为了改善这种情况，公司后来请外部顾问，将洗车进行了游戏化设计。

首先将洗车分成几个环节，然后把不同环节的工作分配给 3 ~ 4 个人。比如，某人负责水洗车辆外表，另外一个人负责泡沫洗，最后 1 ~ 2 名员工负责内部吸尘和清洗，以及擦掉车身上残留的水。

其次，在每个人的手机上安装一个小型的计时游戏软件。每当一个环节的工作完成后，负责这部分工作的人员就在手机上进行操作，记录所花费的时间。清洗整车的用时，就由这些环节所花费的时间相加，再由洗车质检员和客户在软件上为洗车的质量打分。

最后，软件会把洗车所花费的总时间、质检员的评分及客户的评分按照权重算法计算得出一个得分，作为这个小组工作的最终得分，每个人的得分也会被记录。

每天，软件都会把整个小队的评分和每个人的评分在全部 100 多家连锁店中的 2 000 多名洗车工之间排名对比，并给予优秀者随机变化的物质奖励和荣誉（比如为他的照片加上数字勋章）。

这大大激发了大家的竞争意识，每个人都在谈论这个游戏，甚至有人还悄悄地为了提高得分练习洗车。一个季度评比出来的洗车"大神"，会受到众人的爱戴和公司的赞许，并有机会向全体员工介绍经验。

通过这种游戏化设计，这家企业就把洗车这件枯燥的工作，变成了一个话题。洗车工们时时刻刻都在谈论这件事情，人员流失率大幅度下降。

在这个游戏软件运行了一段时间后，由于这家连锁店洗车的速度和质量口碑被车主广泛认同，大量的洗车工加入公司。这一举措，不但使洗车工人均收入高于业界平均水平30%，还为连锁店带来了众多其他类型的收入。

所以，如果你的公司中有人不得不从事枯燥的工作，那么，开始着手把它设计成游戏吧！你会看到员工们开始对那些原本枯燥的工作产生期待。游戏化是让人对枯燥的工作保持激情的最高效手段之一。而赋予工作意义感，更会因此触及员工的责任心和内驱力。

员工普遍会认为怎么能把自己的青春和时间浪费在这样没有意义的工作上呢。而有一家企业，却另辟蹊径，定位为"应届生毕业3年内的最佳岗位"。

它所表达的信息和逻辑是：对于一个应届生来说，工作的前3年对他未来的影响最大，在这3年中，比挣钱更重要的是努力积累更多的经验，提升自身各方面的综合能力，为以后的发展打好基础。

积累的基础无外乎：一是如何做事；二是如何与人打交道。显然学会如何与人打交道对未来成功的帮助会更大。

呼叫员的工作正是每天都会接触大量的人，且还是不认识的，不同个性，不同需求不同想法的人，如何有效与他们沟通，达成交易。这个成功背后就是你的沟通能力、洞察能力、说服影响能力、情商能力的综合锻炼和体现。

所以，即使是一个看似普通的事情，普通的工作，关键是 HR 或管理者则要找到它的独特亮点，赋予它不同的意义，唯有这样，它的目标采购足够大，足够吸引人，才能使得他们放下即时的满足。同时因为有的90后没有像前代人想得那么长远，2～3年就已经是他们能够设想的未来的极限了，因此关于意义的设计也不应超过这个时间范畴。同时，为了强化效果，还应再增加密度，设置更多的阶段性目标，帮助他们有步骤、有节奏地实现对意义的追求。

工作的性价比，这一点也是 90 后群体特别看重的。

比如两份工作，一份加班多，工资高，另一份工资低，但加班少，90 后会先算出每小时的工作价值，再选择单位时间工资较高的那一份。

我认识的一个 90 后员工小 N，她所在的公司下午 6 点下班，若加班到晚上 8 点，即有 20 元的加班费，她觉得很不划算。首先，因为晚回去，没有公交得贴上打车费，并且因为没有早回去晚上无法做饭，第二天午餐又得在外面就餐，吃不好的同时经济成本还会上升，所以这也是她不愿意加班的原因所在。

工作性价比的第二重含义是兴趣与意义的权衡，不同的 90 后会做出不同的选择。

通常若是他们喜欢且有趣的工作，他们则更愿意考虑工作的意义。

若你能将工作设计得既有兴趣又有意义，那么将会对整个 90 后群体都具备很大的吸引力。

3.5.4 管理者自身挑选和吸引的能力

（1）传递正确的招聘信息。

有一次面试的时候，我问到一个 90 后求职者其上份工作离职的原因，对方坦然地说，当初面试时告知的信息与入职后有很大反差，所以就离职了。

看似觉得有些轻率，但这就是简单直接的 90 后，若他们觉得你是通过这种方式来吸引其入职，他们不觉得这是一种招聘手段，而是一种欺骗，就会导致其离职的想法。

所以，无论是在职位发布的环节，还是面试过程中，面试官都有责任以客观真实的信息示人。这是对于求职者最起码的尊重，他们不害怕困难，却厌恶虚伪。

（2）优化流程，减少繁缛。

首先需要错开面试时间。90 后相对来说，耐心和容忍度偏低。若是让他们长时间等待一场面试，可能就会直接放弃。

减少决策的时间。90 后对于招聘流程非常挑剔，你必须尽快结束这一过程，若你动得太慢，人家已经就职，或许想法已变，因此会让企业浪费时间的同时也失去了机会。

管理好发送 Offer 到入职这个时间段的空档。若不重视或不小心对待这个过程，就可能会导致一个好的招聘最终失败。

（3）善用"冲突情境"选拔合适人才。

薪资上的冲突。比如可以通过其对职位低底薪的反应，来了解其对这份工作的真实兴趣。

关系上的冲突。比如和家人或者朋友相处过程中，有没有发生过冲突，你是如何处理的？处理方式的不同，体现出的正是成熟度与角色意识的差异。

90 后整体成熟度偏低，角色意识淡薄，这与他们成长和教育经历有着密不可分的关系，需要管理者在提升自身素质和能力的同时，以全新的视角和思维来面临人才的变化。同时，面对 90 后群体，我们需要抱着"迎合习惯，兴趣优先"的原则来和他们交流和沟通，才能为你的企业吸引到更多90 后人才。

3.6 优秀人才，应该怎么招

招聘，其实就是一场营销活动。

营销的第一步，不是让对方认可你的公司，也不是推广你的公司实力有多强，而是让他先认可你这个招聘人。

做招聘，最重要的第一步，就是与候选人建立联系。而建立联系的第一步，就是获取简历及打邀约电话。

研究证明，优秀的人才在市场停留的时间是比较短的。如何与其沟通，才能更好地达成招聘的目的呢？这里有一些小技巧。

3.6.1 找到你们的共通之处

把你们的共通之处，作为引入点，从而打开对方心扉，也让对方对你感兴趣。这个共通之处，比如你们是老乡，祖籍一样；是校友，或是你的同学曾就读于他的学校，以及曾经待的公司；或是某一个共同的爱好；甚至同是女人，孩子的妈妈，找到共同的话题等。

在邀约之前，你要从对方的简历中，尽可能地去分析和挖掘这些隐藏着的共通之处，或相似的地方来拉近彼此的距离，从而让沟通更顺畅而愉悦地进行下去。

曾经我邀约一个 WD 的招商经理。无论是从公司的知名度、行业的影响力，还是当时她的职位和待遇，都比我们好，但我从她的简历中分析出，她应该是生完宝宝不久，后来和她沟通了解到她生完宝宝重回职场刚一年。这个时候的女人，存在一种纠结的心态。

一边是工作慢慢地进入状态，让她会越来越有干劲。但同时，因为宝贝还很小，内心里，她其实也希望能有更多的时间陪伴孩子。

行内人都知道在 WD 是出了名的加班和忙碌，电话里，我就能明显地感觉到她的纠结和对孩子的愧疚。虽然当时她的业绩很棒。

因为我的这份细心倾听和对她倾诉的感同身受，懂得了她内心的这份纠结和困惑，让她很惊喜。后面的邀约就变得简单起来。

其实，很多时候，候选人都是通过招聘人来初步了解这家公司的。尤其是对于优秀人才，除了职位和薪资，他也需要对公司有更多了解，且会更慎重。即使你所在的公司有一定知名度，他同样需要通过你来了解你的公司，让他产生信赖和兴趣。

所以，只有你这个人让他先信任了，你所在的公司，才会让他信任和感兴趣。

3.6.2　清楚对方优势也要找到对方的不足

W 是一家互联网公司的创始人，很年轻。公司在 C 轮融资时失败，当 HR 找到他时，按照一般情况，是很难有人约到这么重量级的优秀人才。而这名 HR 的厉害之处，就是对人分析得特别透彻。

因为对方也是一个创始人，他完全具备这个岗位需要的重要特质，比如创业的信念、热情、目标感、创新意识。可优秀人才都很自信，若让他有耐心，且愿意与你聊下去，首先，你这个招聘人内心也要足够强大。若能看到他本人都没有意识到的一些不足时，他就会对你另眼相看。

若能戳中对方的痛处，摸准对方内心真实的求职诉求，就能让他觉得你很懂他，这样的企业对他自然就有吸引力。而这样的优秀人才，对钱的需求反而在其次。觉得跟比自己更优秀的 HR 管理者一起做事，公司肯定也会有更好的发展。

约优秀人才，首先你自己也得优秀。

3.6.3　判断一个人企业是否适合长期持有

有些人的能力很强，但你知道，他未必能够在企业待长久，但当时你的企业又非常需要这样的人才。还有一些人，可能当下并未是最合适的，但对于岗位后期的培养需要可能他又具备我们想要的潜力。

这些都需要 HR 对自己的公司及业务有完整的分析和把握，根据公司不同的发展阶段、战略和特定要求，从而在邀约中会有不同的沟通重点和需要了解的地方。

3.6.4　约优秀人才，一定要选好邀约人

这点也很重要，但是很多企业往往会忽略的。

有一次我接到一个电话，对方想提供一个职位给我，本来还有一些兴趣，但聊了一两句，就有些无趣。对方的语言表达不顺畅，逻辑思维也不清晰，提问的技巧有些不足。

只是这家企业选错了邀约人，让我怀疑这家企业 HR 的专业和对这份职位的不够重视。

因为和优秀的人在一起，你才能变得更优秀。即使还不够专业，但态度

很重要。

当然,除了以上 4 点,还有一些邀约中比较重要的环节,比如做好前期的准备工作,在邀约之前列好电话沟通的提纲,对候选人简历做好初步分析和评估,以便在电话中进行验证,若合适,如何主动引导对方,尽快确定面试时间,并做好你的说服工作,都是非常重要且需掌握的技能。所以,想锻炼你的综合素质,就从招聘开始,从你对自己高要求的邀约之旅开始吧!

3.7 HR 需要掌握的又稳又准的薪酬谈判技巧

一次我问小乔对于面试中遇到哪个问题最难沟通。

她说:"当然是谈钱啊!"

"为什么呢?"我继续问她。

"一是这个本来就很敏感,不知道怎么提问合适。二来对方和我说她现在工资多少多少我也很难分辨她说的是不是真的。三是最后录用了这个人,到底怎么给他定薪合适呢,给低了人家不来,给高了公司又觉得亏啊!"小乔一口气说了 3 个她觉得是难点的地方。

"好吧,那我就和你说说如何谈钱既不尴尬还能把握得又稳又准。"

八成以上的候选人都会说换工作不是为了钱,但又会有至少九成以上的人是只要钱合适,就一定会接受 Offer 的。

从候选人简历分析开始,到面试,直至录用,薪酬都是一个绕不开的关键因素。

运用得好,可以轻松说服候选人接受未达预期或刚达预期薪酬的工作。

运用得不好,即使薪酬超出其预期,也未必就能吸引其加入。

3.7.1 通过简历分析先做基本预判

通过简历建立对于一个候选人的预判,是 HR 和猎头的基本功。

候选人简历中体现的"目前薪酬"及"期望薪酬"。举个例子,无外乎两种情况。

第一种是目前薪酬为 6 000 元，期望薪酬为 6 000 元以上。

第二种是目前薪酬为 6 000 元，期望薪酬为 6 000 元或 6 000 元以下。

每一种情况对应的候选人对薪酬的心态，是不同的。

先看第二种，期望薪酬比目前薪酬要低，这种心理逻辑一般是非正常的，但并不能就此完全否决这个人，需要去了解其背后的心理动机。可能是目前薪酬水分很大，期望薪酬看似比目前薪酬低，实则可以满足其预期。也可能是候选人给自己的职业定位，相较于高收入、事业心，更倾向于平台稳定、照顾家庭等其他方面，使得对应聘岗位的薪酬有客观上的了解和理解。那就需要看这个职位是否能委以重任如此定位的候选人。

而第一种是期望薪酬比目前薪酬要高，是最普遍的情况，只是增幅的多少不同。这种候选人比较自信，需预判他可值他开的这个价。提前对其过往公司的背景和职位、当前人才市场行情等作了解、简历上候选人过往薪酬的提升幅度分析、曾做出来的成绩有哪些、综合素质如何、求职动机和定位是否和求职职位匹配等。

通过简历建立对候选人基本的薪酬解读和预判，除了对信息的全面掌握之外，还需要你见过足够多的案例，并且对于人性有充分的洞察和理解。

3.7.2 面试时管理好候选人薪酬预期是关键

很多时候，薪酬谈判失败，并不是候选人看不上你出的价钱，而是你没有管理好他的"胃口"。

对于期望薪酬，任谁都会觉得是越多越好，尤其是对自己的真实能力并不清楚的候选人。所以，在面试时薪酬谈判这个环节，HR 需要做两个关键动作。

第一个动作：先对其"目前薪酬"的真实状况摸底。有 95% 以上的候选人在简历中体现的目前薪酬都是有水分的，只是要摸底水分在多少。

比如上面的例子，先核实其目前薪酬 6 000 元 / 月，是加上了年底的奖金后的总额分摊至每月的月薪，还是实际的月薪。

月薪的薪资结构是怎样的，每个结构项的工资数额分别是多少，固浮占比，浮动部分如何考核（考核的指标）以及季度或半年度的考核情况（这个职位的任务或考核目标是什么，实际完成情况怎样）。

如果虚增得较多，对方就会在你清晰快速的细致问询下露出马脚，当你表现得很坦然时，对方就会表现得很不好意思。那么，你就掌握了这场博弈的主动性。

第二个动作：再对候选人"期望薪酬"做预期管理。先选择合适的面试官来控场和引导。

若是整体简历优秀，能力较强，且薪酬期望超出公司预算的候选人，在选择面试官的时候就需要斟酌一下，选择对公司业务非常了解，同时形象、亲和度较好，经验丰富，综合能力较强的 HR 和面试官，再帮助候选人清晰自己的职业定位。

我一般会这样提问："对于一份工作，从工资收入、平台发展、工作和家庭的平衡，这三方面，对于您个人来说，您最看重哪一方面，请做一个排序。"

无论真实想法如何，大多候选人都会首选"平台发展"，这就让 HR 接下来有了可以调整候选人期望薪酬的契机，引导对方从比较单纯的薪酬关注，转移到职位晋升和企业的其他方面优势。这对个人的持续稳定发展会更有利。

巧妙的提问和引导也很重要。

对于了解候选人期望薪酬的底线，我会这样提问："如果我们这个职位达不到您的期望，不知道您是直接放弃，还是说低于多少您不考虑，或尊重企业的薪酬体系。"

当对方发现你对他的目前薪酬有一个相对准确的了解后，在这个问题上，对方一般就会表现得比较坦诚和客观一些，大多会说出自己心里的期望底线。这就是一场心理的博弈。

通过有礼貌的、清晰而专业的面试方式和提问，并不会让对方觉得反感，反而会因为你客观准确的判断，他要么很信服，要么觉得和你沟通特别顺畅，信任感就可以相对容易地建立起来，后面的交流和说服就会轻松很多。

3.7.3　强化优势，快速下决定

收入是大部分候选人考虑一份工作最核心的要素，但也会因为其他方面的不满意，比如公司环境太差、距离太远、加班太多、面试官太不专业等其他因素，而放弃即使薪酬很高的工作。因此我们要挖掘和准确判断出对方除了收入之外，还看重哪些方面。是弹性的工作时间、高大上的工作环境和氛围，还是职位的长期发展空间，或更青睐与一群优秀而有趣的人共事。

善于挖掘出属于企业独有的优势和亮点，再在面试时有针对性地去沟通和引导说服。

如果是高端岗位，对候选人的感情投资也有必要。比如通过非正式的面谈，来加强感情交流，请对方喝咖啡，吃饭。通过与对方工作外的接触和沟通，对企业而言会是一个很好的了解候选人生活场景的机会，同时也增强了候选人对企业的黏性、信任和期待。

最后，HR 及老板决策要快。尤其是优质候选人，在市场上停留的时间是很短的。不要因为流程长、考虑过于全面或过于计较薪酬而丧失好的机会和好的人才。

总而言之，掌握全面信息，通过简历分析建立对候选人薪酬预期的基本预判；选择经验丰富的面试官，通过专业的引导，掌握博弈的主动权；在理性说服和感性影响的双重加持下，早做决策。

薪酬谈判是影响候选人是否接受 Offer 的一个尤为重要的一环。其中充满了人性的博弈、心理的解读和疏导，是心理、实力、愿景、人性、资本的多重碰撞。

3.8　招聘 HR 的这"五大思维定式"你有没有

思维决定行为，人与人之间的差别，很多时候取决于不同的思维方式。而思维定式，是按照积累的思维活动经验教训和已有的思维规律，在反复使用中所形成的比较稳定的、定型化了的思维。

讲一个生活中的例子。

一位公安局局长在路边同一位老人聊天，这时跑过来一个小孩，急匆匆地对公安局局长说："你爸爸和我爸爸吵起来了！"老人问："这孩子是你什么人？"公安局局长说："是我儿子。"

你知道这两个吵架的人和公安局局长是什么关系吗？

曾对 100 个人测试过这个问题，但是 100 人中只有两人答对了，并且这两个人都是孩子："局长是个女的，吵架的一个是局长的丈夫，就是孩子的爸爸；另一个是局长的爸爸，就是孩子的外公。"

为什么成年人对如此简单的问题回答不正确，而孩子却很快就答对了呢？因为按照成人的惯性思维经验，公安局局长应该是男的，从男局长这条线索去推想，无法找到正确答案；而孩子没有成人那么多的经验，也就没有心理定式的定型化，因而很快能找到正确答案。

这种定型化了的思维，体现在工作上，一方面会限制我们思维发散的广度和深度，也会因此而忽视个体差异，从而导致知觉上的错误，妨碍对他人做出正确的评价。

那我们在招聘中又会存在哪些思维定式呢？

3.8.1　定式一：看背景多过测匹配

背景也就是求职者的背景资料。比如是否毕业于名校，学历多高，专业多强，证书数量以及之前任职的公司在行业中的知名度和影响力。甚至有些公司老板找人，直接就点名要 × × 公司出来的人。

看背景可能主要是考虑到如下的优势。

（1）对行业及业务了解，能快速给企业创造价值。

（2）不用额外花费金钱、时间和精力再去培养，可以降低用人成本。

（3）过来能直接胜任，管理起来省心省力。

可它同样会带来一些不好的方面。

（1）同样需要花大价钱把人请过来，或许还会因此而破坏企业原有的薪酬体系。

（2）并非好背景就代表超强的能力和优良的品性。

（3）过于看重背景而忽略对人的潜力和动机的挖掘，可能会给企业带来某些隐患。

背景只是一个人过去的符号，而员工的潜力，以及与企业文化与价值的适配度，才是决定企业长久发展的基石。

3.8.2 定式二：过于看重同职位的工作经验

比如要找一名主管级别的候选人，我们大多企业的要求一般是"3年以上主管工作经验"。貌似一看没有问题，可是我们仔细分析一下，如果是一个优秀的候选人，对于自己的职业规划一定是往上走的趋势才对，如果他已经有3年以上的主管经验，那他下一步的目标应该是经理，为什么还考虑你提供的同等职位呢？是你提供的薪酬更高，还是他在原公司混不下去？

HR就需要去了解他这个行为背后的动机，是否符合企业用人的要求。并且已经有过同等职位经验的人在进入一家新的企业面对同样的岗位，他是否具备改变自我的意识，以便适应新企业的要求。

激发一个人潜能的，是那些未尝试有挑战的项目，而不是已经从事且倍感熟悉的领域。

3.8.3 定式三：同等条件下，一般会认为薪资高的那个能力会更强

HR一般在招聘中可能会出现"薪酬越高其能力越强"的想法，即当对方期望薪酬比较高时会自认为对方很难被邀约到。但很多时候，事实并非都如此。

比如，对方现在的薪资是有水分的；含义不同，对方的薪资区间可能指的并不是基本工资而是包括了福利或其他隐性薪酬收入。这些情况下的薪资水平，并不能体现其真实的能力水平。

所以，分析简历和面试的时候，不能仅看对方现在的薪酬或其期望薪酬。同样，目前薪酬和期望薪酬不高的候选人也不代表其能力就相对较低。HR 需要重点沟通其薪酬的真实性水平，以及其工作经历、过往工作绩效和做出的成绩，通过必要的测评、背调来评估是虚有其表还是真有实力。

3.8.4 定式四：背调或测评——是录用决策的万能绝招

现在很多企业都会在面试环节运用测评工具，比如性格测评、管理风格测评，以及在决定录用人选之前进行背景调查。

如果一家企业只能以测评结果或最后的背景调查结果作为录用人员的最终武器时，那很难想象他的人力资源管理的水平有多高。因为测评时，如果对方提前了解企业的文化和对岗位的要求，做好了相关研究和准备工作，就会在测评中有意识地、刻意地去提供企业想要的结果。包括在背景调查中，受背调公司、背调人的主观因素影响及其他可能出现的非客观因素都会造成背调结果不一定完全的公正公平。同时背调也是一项技术活，专业不够，操作不当，就很难得到真实全面的反馈。

不管是背调，还是其他测评方式，都不能仅通过这一项或几项测评工具来判断一个人的能力和潜力，它们只是企业录用决策的重要辅助手段。

3.8.5 定式五：选拔人才时只看过去，不测将来

HR 在招聘中会习惯性的通过求职者过往的工作经历、职位和成绩来看是否和招聘的岗位匹配。虽然这是必要的但这远远不够，不能局限于此。还应从他整个履历中去分析他的成长过程，职业走向的潜在规律，以及从他的目标地点及期望职能等预测其未来的职业方向和想法，从他的个人兴趣和自我评价上去看他的自我定位和潜在素质，并在面试时重点提问。

因为这些冰山以上的知识、技能和经验并不能完全代表他的全部，更不能代表他的将来。HR 需要用心观察他的神态和肢体语言，观察其有无不良的

职业习惯，以及他的潜在素质和能力是否符合该岗位未来的要求。

大环境的巨变让企业在设立和定位一个岗位时，需要有更前瞻的考虑，选拔的人才不仅满足岗位现有的基础要求，也具备企业未来可能需要的战略能力，才能将岗位价值最大化。

成功的招聘，不仅需要 HR 更专业，还要随时吸收新鲜有用的资讯。不能完全依赖所谓的理论、工具和过往的经验。保持知识和思维的随时更新，打破固有的认知和思维定式，不断去学习和武装自己的头脑，跟上时代变迁的步伐，才不会落伍。

第4章

招 聘 与 其 他 模 块 的 关 系

4.1　招聘与培训，培训的正确打开模式

有一次小乔很苦恼地对我说，她入职公司都快两年了，虽然也开始在带团队，但一直接触的都是招聘相关的工作。最近有些倦怠，感觉学不到太多东西了。

我明白这是 HR 必经的一个阶段，尤其是负责单模块工作的 HR，这种想法和情绪很自然就会出现。

我对她说："其实，你不用担心，招聘这个模块可以说是企业的重中之重。虽然你现在还没有机会接触更多其他模块的实战，但你可以正好学习招聘与其他模块的关系，一方面可以帮助你更好地招聘，同时也为你后期负责其他模块工作打下基础。"

"嗯嗯，我也是这么想的，那你就赶紧和我说说如何融会贯通其他几个模块，好让我在后期的工作中更好地理解和运用。"小乔迫不及待地想要学习了。

本章开始，我将从招聘与培训、人力资源规划、薪酬绩效及员工关系这几个方面的关系展开。

在人力资源这六大模块里，招聘与培训就像孪生姐妹一样，互为补充共同结合才能为组织输送更合适、胜任的人才。而对于 HR 的个人发展来说，

这两个模块也是完全可以放在一起来定位的，于是就催生了对应的岗位，比如招聘培训专员、主管、经理。

可见如果一个做招聘的HR，完全不懂培训甚至不会培训工作，无疑是无法在企业生存的。

4.1.1　招聘与培训的关系

首先，两者是不可分割的关系。即使招聘的是一个高管，个人能力非常强，过往阅历非常丰富，只要他进入一家新的企业，也同样需要接受培训，HR同样需要考虑该提供哪些培训给他。

所以，作为招聘专员，招聘到位人选之后不是万事大吉，而应第一时间与培训部门或负责培训工作的同事进行沟通，就人选的面试情况、优势不足、与岗位匹配度上的一些可能存在的问题进行沟通，让培训的同事在后期培训工作中把握好重点，做到了解后有的放矢地培训，改善真正需要弥补的地方。

其次，招聘与培训是自然过渡的关系。即人招进来了，需要做好及时地衔接工作。比如新人上班的第一天，需要有一个欢迎仪式，介绍给公司的领导、同事，让大家了解新同事，也是对新人的尊重与关注，让新人感受到公司的重视与关心。这时候就需要HR提前做安排，避免新人入职首日公司大部分同事都不清楚，无人欢迎或人太少，导致气氛尴尬。

新人入职首日还得安排其办理入职手续，比如签订正式劳动合同或相关材料，就新人提交的入职材料进行审核等其他相关的工作。做到细心、耐心，不留遗漏。

招聘专员尤其要关注新人上班第一天的安排，如果细节体验没有做到位，可能就会面临新人的流失。如果入职手续没有办理到位，可能就会引发后期的劳动风险。

4.1.2　新人入职后的重点培训工作

新人入职后的培训工作，一般可分为入职培训、岗前培训与岗中培训。招聘的 HR 尤其需要关注前两个培训工作。

（1）入职培训。

入职培训是企业将聘用的员工从社会人转变成为企业人的过程，同时也是员工从组织外部融入组织或团队内部，并成为团队一员的过程。

前面讲到，任何一个新人进入企业，都要接受企业统一安排的入职培训。之前有 HR 和我提过，他觉得入职培训时间一久就比较程序化、形式化了，感觉没什么太大的作用和意义。这种想法主要是对入职培训工作的定位不清晰，对入职培训没有创新导致的。

入职培训工作一般是 HR 来主导，重点是为新人入职服务的，也就是它服务的对象是进入企业的这一批新人，那对于新人，最应该培训什么，新人在这个阶段最想了解企业什么，企业对他们又有哪些要求，这才是培训的重点。

我认为主要有 3 点需要注意：入职培训内容的完整度。很多企业把入职培训当成一种走过场，交任务的形式，一个 PPT 就讲完了。完整的入职培训内容需要涵盖如下所说的两部分。

新员工比较关心的内容：如自己所属的部门、在公司中的组织架构、团队情况、岗位职责、发展通道、薪酬福利、公司制度、生活服务方面的资讯或指南、办公指引。目的是更好地了解公司，融入企业，熟悉流程，掌握基本的办公工具。

公司需要新员工了解和掌握的内容：员工行为规范、公司各项管理制度，尤其是高压线或红线规定、公司发展的历程、业务产品及文化等。目的是统一规范员工行为，统一文化理念与认知，价值观的认同，凝心聚力。

入职培训的形式根据不同公司的需要可以是一种也可以是几种结合，有讲授、视频教学、案例 / 故事分享、现场观摩 / 带教等。

入职培训的作用不仅是满足雇员与雇主的需求，同时也是规避劳动风险，让员工有必要的知情权，形成入职培训签到的记录，或者以考试的形式公布结果。

有些企业会排名，以此表明新人对入职培训的重视程度和基本的学习能力的展现，并将此相关的完整的资料进行备案，表明企业尽到了告知的义务，也是 HR 需要注意的一个重点。

（2）岗前培训。

根据企业及特定岗位的需要，有些新人入职后还会接受统一的，一定时间周期的岗前培训。比如某家企业会通过统一军训的方式进行，过程中采取理论教学、军事实践、专家讲座、文化熏陶等多种形式，围绕思想政治、岗位胜任力、职业基本素养 3 个模块进行基础素质训练，使新员工深刻领会企业及岗位的宗旨、文化传统和职能使命，尽快实现由社会青年向合格企业人员的角色转变。

岗前培训一般也是 HR 主导或协助需要开展的部门进行，是对入职培训的一个更深入的补充，完成新人对新岗位的全面认知的同时，更好地融入团队，形成统一的团队文化和角色的转变。

（3）岗中培训。

岗中培训面对的对象就不仅仅是新员工，而是在岗的所有员工。所以它涉及培训学员更广、培训内容更全面、培训主题更宽泛，更多集中在业务技能的实训上，公司规章制度的定期宣导上。

只是会根据员工的不同要求为其设立不同内容的课程，然后让各部门员工选择参加。培训分"必修"和"选修"两部分。公司文化、制度、思维理念的培训课程通常是"必修"，非专业化的课程一般为"选修"，具体根据公司及岗位的要求而定。

4.1.3 培训工作的引申思考

（1）培训形式可以是多种多样的。

随着 90、95 后成为职场主力军，他们更青睐多种形式结合的入职培训，在学中玩，在玩中学。

主要分两大类，一类是传统型培训形式，主要有：在职培训、现场培训、讲座培训与程序化教学培训等；另一类是新型培训形式，比如一次主题的座谈，一次学习的分享交流、一次头脑风暴，是非正规的学习方式，通过试听化培训、模拟式培训、远程网络培训，户外式培训等来实现。

无论是传统型培训，还是新型培训形式，皆有其优劣性。关键是针对培训资源，培训对象等因素特点，将其灵活组合，使其发挥最大效用。

（2）培训也不能解决所有的问题。

培训对于提高企业的生产力与改进运作效率来讲是一个有用工具，但它并不能解决企业的所有问题。

培训可以解决员工对于某一流程所需掌握的技能与知识的问题，但无法解决企业结构和体制上的问题。可以补充与提升员工在某方面的知识与技能，却很难改变一个人根深蒂固的价值观。并且培训是要投入极大的经济成本和资源的，因此在制订培训计划之前，重要的是要搞清楚问题产生的原因究竟在哪里，以及培训是否是解决这个问题的最佳方案。

4.2 招聘与规划，业务规划决定了你的招聘规划

对于大部分招聘 HR 来说，工作往往来自招聘的需求。殊不知，这个招聘的需求真正是来自企业的人力资源规划，而人力资源规划又来自企业的业务规划。

即企业经营战略、业务需要产生的岗位招聘的需要。所以，一个招聘 HR 不懂企业业务，不了解每一年企业整体业务上的变化，那他的招聘工作可能就是无用功，甚至会有被取缔的风险。

4.2.1 一家企业都有哪些业务上的变化

企业业务的变化一定是每年都会有的，只是有的企业会剧烈一些，有些

则会平缓一些，可能是局部或一些细微的变化，可从以下几个层面去发现。

（1）产品面变化。

以一家做"金融服务外包"的企业 A 为例。

A 企业前几年是为金融机构提供单纯的"产品"，即人力资源外包服务。而这两年企业转型由原来"卖这一项产品"到"卖整体的外包服务解决方案"。

因为他们的很多大客户都认为，人力资源外包服务这项业务相对简单，可供选择的供应商也较多。

反而是在"硬件设施、业务流程、IT 系统"等全流程解决方案，才是客户迫在眉睫的需要，因为统筹管理的成本更低，总体性价比会更高。

但能提供整体解决方案的供应商则少之又少。于是，A 企业就做了这样一个转变。

（2）客户面变化。

一家企业的客户群体并非一成不变。

A 企业，是为金融机构里的银行客户群体提供外包服务，而通过多年经营后发现，这个群体最近几年整体发展态势趋于放缓阶段，且因为一些风险事件的出现，使得其外包政策也变得相对保守和紧缩起来，使得 A 企业今年的业务量急剧下降，甚至出现多个项目亏损。

于是，A 企业今年在做未来 1 ~ 3 年的业务规划时，在客户群体上就已然有一些变化，那就是除了银行客户，那些异军突起的保险、证券，甚至企事业单位，也会是 A 企业需要突破的机会点。

（3）客户的需求层面变化。

客户最大的不变就是需求的变化。

A 企业的客户群体因为是银行系统，这个群体决定了其经营的决策人不像是某个企业的企业主或老板个人就能拍板的，有着较为烦琐而冗长的内部流程机制。并且因为 A 企业对接的是省行单位，而客户所在的总行如果需求发生变化，就会波及省行，从而 A 企业及下属机构的客户服务也同样随之要做出调整。

这就导致 A 企业在与客户的日常沟通对接中，因客户所在行业和其组织架构的特殊性，而导致客户的需求是不确定的。

（4）组织的地域或组织的规模上的变化。

也就是企业会因为整体大环境、国家政策、行业特性、服务客户的需求等，而做出的组织扩张、合并、调整或萎缩的变化。

A 企业的客户，银行系统的业务承接是由总行到分行直至支行，使得客户对于地域的辐射要求是比较广的。

因而 A 企业是一家上有集团总部、中有省级公司、下有分公司办事处的这样的组织架构定位，方可做到整体业务的全面承接，才能满足银行客户的整体需求。

4.2.2　围绕以上变化 A 企业的人力资源如何规划

（1）组织架构的整体规划。

A 企业，会涉及集团总部、省级公司、地级市分公司或办事处等三个不同层面组织的定位问题。但这种组织架构也有其优劣势。优势是能全面承接和开展公司业务，满足客户对接的需要；劣势是管理层级过多，缺乏一定的灵活性，且管理成本过高。同时，一线公司会觉得总部高高在上，对一线业务的了解不够，往往是管控大于支持。而客户方会因为对接 A 企业的部门较多，加上 A 企业的管理人员若频繁流动，使得客户体验不佳。

作为 A 企业，就需思考如何定位才能避免总部走向官僚主义的同时，跟一线公司能更好地协同，以及内部如何优化才更有利于客户体验。

结合未来 1～3 年的企业业务发展规模和趋势等，这都是 A 企业人力资源需要基于企业整体、客户需求、业务发展等结合起来规划设计。

（2）部门及岗位的定位规划。

A 企业因产品的变化、客户群体及需求的变化，导致人力资源最直接的变化，就是服务客户的相应部门及岗位，需要重新定位。

职责上：从之前卖单一产品，到提供整体解决方案。

人员技能要求上：单纯卖产品的销售能力，跟卖解决方案的销售能力是完全不同的，这就需要人力资源对岗位的关键能力要素进行重新梳理、提炼和定位。

编制上：因为产品及业务范围的扩大，客户经理的团队也从原先单纯的4个人扩编至目前的8人，且增加了两支重点区域大客户经理团队。

（3）相应人力配套支持的规划。

从捕捉业务的变化，到对这种变化进行分析，体现在人力上需要做哪些重点工作，才能支撑和满足业务的需要。最后才回到人力的模块规划思维。即企业需要怎样的组织架构、哪些核心的、关键的职责支撑业务的发展。这些职责分别由哪些关键部门及岗位承接和履行？哪些部门及岗位需要优化，是扩编、调整、合并，还是遣散？关键的岗位上人员能力胜任度怎样？是否需要做一些必要的人员的调整？如何调整才能将风险和成本降至最低？还需要招聘多少人，招什么样的人，如何招才能高效、有效？内部提拔多少人，通过什么样的人才培养项目才能落地？

关键岗位的绩效考核需要做哪些调整，同时对应的激励政策如何设置和牵引，才能真正有效保障业务目标的实现？

人力资源的战略规划，或者你的工作重心，怎么样能够去更有力地支撑公司的业务，总结一下有两个关键点。

- 敏锐的把握公司在客户、产品等业务和人员方面的变化，觉察其中的战略机会点，为自己的招聘工作指引方向，做正确的事情。
- 学会识别和管理好我们的关键岗位和关键人才，在对的时机招对的人。《精进》中说："努力不是一场意志力的较量，而是一种需要学习的策略"。HR不要仅停留在战术上的勤奋，而是要能在战略上跟上公司业务变化的节拍，去预见组织与人才方面的变化，为业务提供预案，才能使自己的工作更具价值。

4.3　招聘与薪酬绩效，一个好的招聘 HR，从懂得薪酬绩效的逻辑关系开始

对于一个招聘 HR 来说如果不懂薪酬绩效的相关知识和逻辑，既很难触及人才的诉求点，也很难招到企业想要的人。

比如每个人选择一份工作，收入自然是他最底层的需求，如果 HR 对这个岗位的收入结构的设计逻辑、激励方式不清楚，就很难沟通到优秀人才的心理，不知道从哪个点去吸引他。

可能会有人说，我们企业的岗位薪酬没有竞争力。但招聘 HR 因为经常招聘的关系，会有很多了解市场上很多岗位薪酬的机会，包括面试时也能通过与候选人的沟通来获悉对方及市场上某些岗位的薪酬状况，这可作为企业后期定岗定薪，或做薪酬调整的参考及依据。

4.3.1　了解全面薪酬，助力人才吸引

在拿到一个招聘需求，有经验的 HR 一般首先会去关注这个岗位的收入状况，因为这很大程度上决定了该岗位招聘的难易程度。相信很多 HR 也会以岗位的工资低作为招不来人的理由。

虽然一个岗位工资的高低不是招聘 HR 能够决定的，但因为其参与了整个招聘活动，直接对接市场，对市场上同类型岗位的薪酬状况了解，而成为公司外部薪酬调研的角色，同时也能在公司给定的该岗位的薪酬区间中，根据面试的综合评判来考量和建议候选人的最终定薪。

所以，HR 需要对公司各岗位薪酬结构和逻辑充分了解。一般一个岗位的薪酬结构会根据公司及岗位的情况不同而有不同的设计。有一个概念叫"全面收入"，掌握这个概念一方面可以对一个岗位的收入结构有一个全面的认识，另一方面也可以在与候选人沟通时如果岗位本身的直接收入竞争力不强，可以从非直接收入的方面来吸引候选人。

因为收入既有看得见的工资，也包括看不见的价值回报。一般包括以下

几个方面的内容。

（1）基本工资。基本工资指员工因完成工作而得到的周期性发放的货币性薪酬，其数额相对固定，企业通常基于组织中岗位的相对价值来为特定职位确定相对价值。

（2）可变薪酬。可变薪酬指员工因部分或完全达到某一事先制定的工作目标来给予奖励的薪酬制度，这个目标是以个人、团队、企业业绩或是三者综合的预定标准来制定的，其实质就是将薪酬与绩效紧密结合。

（3）间接薪酬。又称之为福利薪酬，指员工作为企业成员所享有的企业为员工提供的福利待遇，福利薪酬中有一部分是具有政府强制性的法定福利，比如社保。另外一部分是自愿性的非固定福利，可由企业自行设置福利项目以作为对法定福利的补充，比如商业险或企业年度体检、旅游等多样化的福利。

（4）非货币性外在薪酬。非货币性外在薪酬包括安全舒适的工作环境、良好的工作氛围和人际关系、引人注目的职位头衔、吸引人的团队文化等。

（5）内在薪酬。内在薪酬相对于外在薪酬而言，实际上就是员工从工作本身所获得的心理收入，即对工作的责任感，成就感，胜任感，富有价值的贡献和影响力等，企业可以通过工作设计、制度、人力资本流动政策来执行内在薪酬，让员工从工作本身中得到最大的满足。

全面薪酬管理体系不仅能够提高薪酬的质量。同时，由于它扩大了薪酬的内容，通过经济和非经济手段帮助企业与员工之间建立起伙伴关系，并让员工前所未有地享受到了个性化薪酬制度所带来的愉悦。

4.3.2　HR 对"降本增效"如何理解

"降本增效"字面意思就是降低岗位成本，增加岗位效能。HR 本身是不直接产生收入的岗位，而在招聘中每招聘一个人其实就会增加公司一份成本，那如何更好地通过招聘管理，做到降本增效呢。

（1）评估岗位招聘需求。

新人 HR 在招聘的前期可能会有一个不好的习惯，就是每次业务部门提出了一个招聘需求,二话不说赶紧启动招聘工作,以为这叫积极响应业务的需求,实则是对招聘工作的误解与不负责。

招聘是手段,通过把合适的人招进公司,最终是要给公司创造价值的。也就意味着如果你的这次招聘不能给公司带来价值,不仅给公司带来白白的成本浪费,还会因为选到不合适的人而有可能给公司带来灾难。

所以,作为 HR 一定要在拿到招聘需求之后,冷静地先思考和分析,这个需求本身是否合理。比如为什么要招这个岗位,是因为有人离职,还是新增需求,离职是因为什么,再次招聘如何规避这个问题。如果是新增需求,它的价值点在哪,通过什么样的方式才能招到匹配的人。以及这个需求是不是只能通过招聘才能解决。

比如会存在某个岗位的招聘需求仅因为是需要一个干活的人,那这个岗位的工作内容是否可以交由其他相关岗位的人员来接替完成呢,或某些岗位的职能存在重叠也可以进行兼并,还可以通过招聘兼职人员、租赁员工,外包出去等其他方式来解决。

一个聪明的 HR 不是被动接受,单纯执行招聘需求,而应主动思考招聘岗位的价值点,招聘相关的延展性思考,多主动与相关人沟通,建立更多解决方案来降低公司用人成本。

(2)招"对"的人。

这里的"对"是岗位招聘的最基本要求,即招来的人要符合岗位任职资格,符合公司价值观。一个"不对"的人,不仅给公司造成成本浪费,还会给公司带来巨大经济损失。

有一家公司招了一名财务经理,这名财务经理进入公司发现公司目前的财务软件不好用,于是建议公司更换软件,启用他上一家公司的财务软件。因为新人刚来老板还是比较支持工作的,就同意了对方的建议。可是没想到,这个新的软件对于公司的其他人来说是完全陌生的,加上在启用新软件的过程中很多工作没有做到位,导致被税务部门查悉了数据的漏洞而对该公司进行了很大数额的罚款。

这就是一个很典型的招错了人,给公司带来重大损失的例子。

（3）招"高绩效"员工。

降本增效里的效指效能，如果招进来的都是高绩效的员工，整个组织自然是高效能的，这是老板最想看到的。雷军说过，一个优秀的人才可以抵50个平庸的人。

何为优秀，就是为企业创造高绩效的员工。何为高绩效，例如，某企业有甲、乙两位销售员，企业为甲、乙两人实际支付的人力成本均为1万元/月，但甲能为企业最终带来的收益是10万元/月，而乙给企业带来的收益是5万元/月，甚至是持平。则说明甲员工给企业带来的投资回报率高于乙员工，同时给企业带来的是10倍的收益回报。

显而易见，企业需要的员工一定是正的投资回报率，且倍数越大越好，这是为什么优秀的人才是企业最大的资产的原因。

所以，作为一个招聘HR，一定要重视自身岗位的重要性。在前端的人才招募环节为企业把好关，提升自己各方面的专业能力，懂得绩效对于企业的重要性，不招错误的人，为企业引入优秀的高绩效人才，才是为企业创造价值。

4.4　招聘与员工关系，招人，还得学会留人

作为一名招聘专员，工作的最大成就感不是偶遇一份让你惊喜的简历，不是邀约来的候选人格外匹配你招募的职位，也不是终于敲定Offer后的欣喜和如期报到后的心悬落地。而是你好不容易招来的人，他非常顺利地度过试用期，成为公司的正式员工。

从HR角度来说，这代表你前期的工作没有白做，也体现了人才和企业的匹配，是HR招聘实力的一种证明。

但现实是，据统计数据证明，50%以上的人员流失发生于新人刚入公司，在试用期间的这段时间，这就非常让人惋惜，也让HR很头疼。

一般出现上述问题，需要HR在后期通过如下几个方面来加以规避。

4.4.1 新人融合的六大陷阱

（1）招聘时对于职位挑战情况的轻描淡写。

这是很多 HR 及企业面试官常犯的错误。

为了让招聘工作顺利进行，在谈到工作本身的挑战性时会轻描淡写。这本身就是一个错误，错上加错的是候选人也常常夸大自己的能力。

局面因此就变得很可笑：一个自诩的优秀人才接受一个简单的任务，导致岗位与录用的人选根本就不匹配，自然就面临着要么新人主动离职，要么被公司遣散。

（2）新上任者被压力摧垮。

有一家初创企业用了两倍的薪酬，将候选人 L 从一家待了 3 年的企业挖到了自己的麾下做高级主任。

入职两周不到，企业就给 L 分配了其个人业绩任务，同时还制定了比一般主任更高的团队业绩目标。空降的 L 在如此短的时间里领到如此高压的业绩指标，同时还面临着团队里各个不同背景和个性的老员工，顿时让他压力倍增，有想放弃的想法。

适当的压力可以使我们有最好的表现。压力太小我们会觉得无聊，压力太大我们又会觉得苦恼，并且压力太大的情况下，学习和记忆力的神经系统就会受到干扰，人也会变得越来越具有防御性和攻击性。

因此，雇主及团队都必须清楚，这是在跑马拉松而不是 100 米冲刺，新人进来的投资回报和新环境的适应都需要一定的时间，急于求成反而会加速新人的离职。

（3）新任管理者的领导风格和团队不匹配。

招聘的难处不是没有人，而是如何考察对方是与企业匹配的人。

因为职位空缺最差效益是零，但若用了不合适的人，不仅创造不了效益，甚至还会产生不可估量的破坏性。

尤其是管理者。他就像是这个团队的船长，决定了会将这艘船开向何方。是成功还是失败。如果管理者过分控制，团队成员就会很沮丧，他们会通过抵制或者退出来反抗。

这就要求，在招募一个管理者时，不仅职位上要匹配，与企业文化、价值观，甚至和团队风格上更需要匹配，才会使得融合的过程更顺利。

（4）新任管理者无法和关键人员搞好关系。

因为新人来自公司外部，他们需要了解新公司的那些并不是显而易见的文化，他们还需要发展与重要人物之间的关系。

比如他要与老板、同事和下属等各个方面都处理好关系，与重要人物建立和发展关系的能力，是预测新任管理者成败的最重要指标。

而最高管理层通常也会根据两个指标来界定这个管理者是否成功：任职内达到期望的业绩目标；和他人之间的关系，尤其是和下属之间的关系。

所以，一个新人如果他处理不好与自己的上级、下属的关系，很难在企业中生存下来。

（5）来自前任留下的历史问题。

当某些员工提出离职并决心已定时，在后期的工作中就会变得有些散漫，对于组织之前制定的目标和任务也很难高效完成。甚至会留下所谓的"烂摊子"，即如果前任是一个不负责任的人，没有处理好他应该处理的历史遗留问题，那这份工作对于新人来说可能就成了烫手的山芋。

（6）新人在融入阶段缺乏组织的支持。

很多企业一面在给新人工作压力，一面却又很难给新员工提供足够的支持，甚至不提供任何支持。

一项由创新领导中心开展的研究发现，在新上任的执行官中，得到融入支持的人少于1/3；得到上级支持的人少于1/4，使得新人因为企业提供的支持有限或没有支持而遗憾离开。

在对于组织提供的支持这块，很多时候，不是企业不愿意提供支持，而是他们不清楚应该给予新人哪些具体的支持或是不清楚如何做得更好。

这就需要新人管理者主动要求这样的帮助，并且与企业一起制定计划，才会促进双方的融合。

同时，企业也要对新任管理者给予更多的关注和观察，以及必要的沟通。

帮助管理者放下心里包袱，敞开心扉，提出自己的要求和寻求帮助。

4.4.2 如何管理新人的融合进程

（1）将融合工作尽可能前置。

企业在录用候选人之后，也就代表他就是企业的准员工了。企业可以提前做一些准备工作，将融合工作前置。

- 加对方的微信，既方便沟通，又能让候选人对企业有更多的了解。
- 让候选人部门领导参与进来，和对方保持一定的沟通和跟进。
- 提前让候选人参与企业的某些活动，感受企业的文化氛围，尤其是管理者。

一方面能提高候选人的报到率，还能让候选人提前了解企业的文化以及重要的人员。这都会给他后期的工作带来帮助，也让因为被关注而有更多的安全感，从而降低人员的离职概率。

（2）为新人的融入做细致的准备。

为了让刚入职的新人顺利而快速地融入，需要做一些细致的准备。

- 入职当天的新人欢迎会，让新人感受到企业的热情。
- 确定好入职引导人，并对引导人提出细致、明确的带教要求。
- 带领新人一起用餐、熟悉企业的环境和基本情况。
- 把他介绍给相关的部门和人员。

对自己职位全方位的了解，同时设定一个计划，使融合过程中的问题能够"及早和经常"地得到反馈；围绕学习、建立关系、赢得一些"短平快的胜利"等目标，共同建立一个时间表，让融合过程有计划有步骤地进行。

（3）持续跟踪整个过程。

每几个月，组织就应该通过回答下面 4 个问题，来正式的分析一下过程和期望目标是否吻合。

- 新任管理者是否得到了足够的支持？对本岗位的绩效要求及企业文化是否清晰？以及是否有合适的内部支持者。

- 新任管理者是否与相关人员建立了融洽的关系。
- 新任管理者是否有效推动了团队目标的达成，在目标的达成上是否还存在问题，以及需要企业给予哪些支持。

同时，还有很重要的一点。当事实表明新任管理者怎样都无法融入组织时，需要立即提出终止合作。这不是一件容易的事情，尤其是熟人介绍或内部推荐，以及越是高阶的职位越难做到。

因为组织已经花费大量的时间和金钱用于寻找、招聘和融合新任管理者。但是当他与组织无法有效磨合时，企业必须要有足够的勇气去面对现实。若想新任快速融入，企业就需要雇佣或晋升高情商的管理者。他们能够在诊断阶段寻找别人的帮助，并在不降低质量的前提下加速进程。

4.5 关于员工离职，你所不知道的真相

虽然员工离职是 HR 不想看到的，但这个事情是不可能避免的。所以对于招聘的 HR 来说，与其担心对方离职，更应了解背后的原因，进行改善来降低流失率。同时也要对员工离职有一个正确的认知。

4.5.1 员工离职率，是不是越低越好

离职率多少算高，多少算低？这个标准是什么？5% 算低，还是没有流失率是最好的。15% 以上算高，还是 30%？

一家企业老板有一次很骄傲地和我说，他所在的企业，去年一年就离职了两名员工。这说明什么？从业务层面来看，可能说明这家企业的业务这一年没有太大变化，没有开拓新的市场也没有关闭某些项目，没有批量进人流失率自然少，但业务增长自然也是停滞或减缓的，尤其对于需要每年几十倍增长的互联网行业来说，这不是好事。同时，这家企业的员工整体可能会有惰性，窝在舒适区，不愿意挑战自己，接受更大更广的平台去发展自己。

所以，对于离职率，有几个方面需要重点关注。

（1）看行业，你所处的企业是什么行业。

如果是互联网行业、劳动密集型的零售或服务行业，10% 的离职率已经非常低了，但如果是放到一个国有商业银行去看，又意味着离职率偏高。

另一个是对标你所属行业的平均流失率和关键岗位流失率。如果是低于平均值，说明企业在优秀人才保留上做得比较好，如果是高于的，甚至高出很多，就需要预警和制定解决方案。

（2）看离职的群体。

先看你所在企业的 80% 以上的员工群体是不是基层岗位。比如保安、保洁、服务员等这类比较基础，可替代性越强的岗位，离职率相对高一些是比较普遍的。如果是知识型、技术性员工，如果离职率高，给企业造成的损失和风险就较大。

（3）看实际流失人员是不是核心人员、骨干员工。

如果离职的多是企业的关键岗位、骨干员工，这是在向企业提出的重大报警。需要企业赶紧建立预警和制定解决方案；如果这类关键人员流失率低则说明企业发展稳定，有自己的核心竞争力。

（4）看离职整体状况。

比如是老员工，还是新员工，这是司龄；是专员、主管，经理，还是总监，这是岗位层级；是主动辞职，还是公司主动优化的，这是离职类型。

主动辞职是因为什么，公司主动辞掉他是因为什么，这是离职原因。

离职的人，当时是通过什么渠道招聘进来的，是内部员工推荐，是网络招聘，还是校企合作，这是来源渠道。

离职的数量，和过往同比，环比的情况，是增加还是降低，这是通过岗位人员离职看企业发展态势的变化。

所以，离职率数值本身不重要，重要的是我们需要通过对离职群体整体状况的了解，帮助 HR 扩散思维，透过离职率数值背后，去发现公司业务发展、组织发展更深层的问题。

4.5.2　员工离职大数据调研

对于一个员工，从萌生念头，到真正离职，经过了多少时间。

曾调研 1 000 名受访者，数据表明，35% 的离职员工，从刚有想法，到最终离职，都经过了至少 6 个月到 1 年的时间，60% 的离职员工基本上经历至少 3 个月以上，如下图所示。

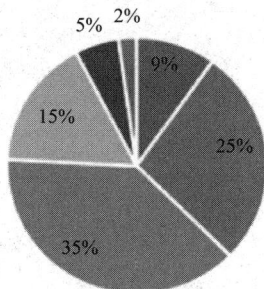

■1~2 个月 ■3~6 个月 ■6 个月到 1 年■1~2 年 ■2~3 年 ■3~5 年

这个数据说明了以下几个问题。

（1）大部分人离职都是经过了至少半年以上的思考。

不是像我们经常所说的"你怎么说离职就离职呢，你也太冲动了"，而是经过了一段时间的慎重考虑的。

因为 6 个月到 1 年的思考期，其实并不短，在一个员工萌生念头的时候，HR 可以发现一些端倪，如果在萌芽状态进行疏解，说不定可以避免其离职。

我们在埋怨员工是"白眼狼"之前，更应反思的是，为什么这么好的员工要离职，为什么在他提出离职之前，你竟然都没有发现和预判到，尤其是这名员工如果和你关系还很好，且还是公司关键岗位，业绩优良的员工，这是 HR 需要去反思的第一个地方。

（2）可以采取一些变革措施。

这 1 000 名受访者，其中 68% 的离职员工反馈，其实在最初企业是可以采取一些变革措施，而避免走到员工不得不离职这一步，如下图所示。

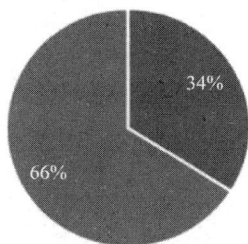

■ 做什么都没用　■ 可以采取一些变革措施

也就是说，员工并非都是想要出去看看，一言不合就离职，我有钱我任性而引发离职，人都是有惰性的，喜欢与更熟悉更信任的人在一起工作。所以，如果一名员工向你提离职，那真的说明他遇到问题了。

如果这个时候我们及时关注到员工的动态，及时有效地帮助他们疏解情绪，解决他们心中的疑虑和困难，采取一些变革措施，其实是可以避免他们流失的。如果这个人是公司非常核心的骨干，对公司的价值会更大。即使后期还存在离职的可能，但至少提前发现和预警，建立预备的解决方案，可以缓冲核心人员离职给公司造成的损失和风险。

这是通过离职大数据，让 HR 及管理者的反思所在。

4.6　高离职率的今天，HR 该如何留才

关于人才的保留，HR 有很多方面的工作可以做，而对于一个招聘 HR 来说，尤其是在认知层面、身体力行的执行层面更重要。

4.6.1　招人重要，还是留人重要

相信大家都了解一个员工流失给企业带来的成本，尤其是关键的核心员工。

招人和留人这项工作本身都很重要，只是比较而言，留人对企业的可持续发展的影响更为深远。

一方面因为如果不会用人、留人，招再多人也没用，何况现在招聘难，大家都深有体会。

另一方面，一家企业会用人、留人，才能帮助企业打造吸才引才的土壤，营造吸才引才的氛围，沉淀自己的人才，加强自己的壁垒，提升行业和品牌的竞争力。

很多人会觉得员工离职既然决心已定，走了就算了，甚至很多员工离职时和 HR、部门领导产生不快、冲突甚至是仲裁事件，排除那些异常或特殊情况不谈，对于"离职员工"这个群体，其实是有属于它的价值思考所在。

首先，带给管理者的警醒和反思。无论是 HR 或管理者的个人成长还是企业发展的必要优化都是具有参考意义的。

其次，是资源的不浪费。重新满足企业需求，这就是很多企业会重新接受那些已离职的优秀员工再次入职的机会，这是双赢的，如果前期处理不好，离职员工是不会再次选择企业的。

最后，是价值的再造。比如某些企业因为行业和发展需要，可以与优秀的离职员工有更多合作方式，毕竟离职员工对企业的业务、工作流程、发展愿景等都非常了解，他们其实是比较合适的合作人选。

招人是手段，留人才是必修课，同时作为 HR，需要结合企业实际和需求，对离职人员的定位和处理有多维度、多视角的考虑。

4.6.2　员工流失分层管理，留住该留住的人

管理学中有一个271原则，即20%员工是属于优秀绩效，70%是正常绩效，10%是不达标绩效。即可我们要留住的是这90%的人，不达绩效的这10%的人不仅不能留，还得及时淘汰掉。

所以，无论是 HR 还是管理者，与其把精力放在公司整体的员工流失率的改善上，不如抓关键工作和动作，才能更好地撬动你的人员管理。

也就是管理好这批90%的员工，尤其是服务好这优秀的20%的员工一定是摆在首位的。包括业务经验也是一样，他需要每天花出一定的时间和精力

投入在那 20% 或 10% 的员工身上，无论是关注其工作成绩、一对一沟通、技能辅导还是仅仅是聊天。

一方面，这类员工流失，会让团队整体士气下降，引发更多离职，雇主品牌受损，影响企业后续的人才招募。

另一方面，如果是竞争对手挖角，市场竞争力也会降低，份额会被抢占，公司的业绩影响，业务发展受损。并且，如果公司中层、关键岗位的力量不稳定，没有建设好，即使公司整体离职率正常，公司也是很难有可持续的发展。

在抓好 20% 高绩效的员工基础上再抓 70% 的普通员工，在保持合理流动性基础上更多去做个人与组织绩效提升的工作，一方面是提高人效，另一方面当这批员工随着能力提升，进入到 20% 优秀群体时，离职率自然也会降低。所以，要做好员工流失分层管理，首先要识别出团队或企业里那 20% 的高绩效员工。

他们是什么时候入职的，目前状态如何，是否稳定，目前有哪些动态和诉求。可以通过满意度调查、人才盘点等方式去关注和激励这批员工，同时清除那些不合适的人员，将负面影响降低，及时止损，留住该留住的人。

4.6.3　行动，远远重于"所谓的离职分析"

在参加调查的所有人力资源部门中，只有 42% 的部门承认，离职谈话并没有取得实效。

很多管理者虽嘴上口口声声要关注员工离职率，但实际心态或许是这样的：

"既然他们不想待在这里，为什么还要去管他们是怎么想的呢？"

"就算离职面谈也做了，员工也不会告诉你他心里的真实想法呀！"

"他们也许就是心怀不满，态度有问题，或者根本就不适合这个工作呀！"

"我们也不指望留住我们雇佣的每一个员工。"

"离了谁，地球都照样转，再招一个人来顶替就完事了。"

说白了，大多数经理都不怎么在意员工的去留问题，更别提基层主管或员工会重视这个问题。但无论是从企业管理角度，还是提升个人管理能力，作为管理者都应当去洞察和分析员工离职的真实动机，以便做出针对性的有效解决方案。

对于 HR 来说离职分析虽然重要，但最核心的一点不是将这些分析数据及结果束之高阁，而是要及时、立刻采取有效的、针对性的改善措施。明确 HR 部门及用人部门在离职管理上，为关键人才保留而做的工作分工和行动计划。

有数据表明，虽然 95% 的企业表示他们会与离职员工谈话，但只有 32% 的企业会向经理反馈信息，而采取后续应对措施的更少，只有 30%。在参加调查的所有人力资源部门中，只有 42% 的部门承认，离职谈话没有取得实效。

所以，如果没有分析后的改善计划及行动，那所有的分析都没有任何价值和意义。对此应当采取的步骤有以下几个方面。

第一步：HR 还原离职大数据（离职原始数据、重要维度分析、离职员工回访调研内容）。

第二步：员工满意度和敬业度调查报告（前者调查员工对公司的满意状况，后者调查员工绩效产出，人均效能情况）。

第三步：形成 HR 报告（就离职数据、人均效能数据、整体内容分析）。

第四步：员工关系委员会、工会、中层管理会议中去沟通探讨，去伪存真，提炼有价值的部分，同时收集意见后形成初步的改善计划，并汇报老板进行最终决议。

第五步：对改善计划进行各部门相关岗位职责划分、硬性（绩效考核要求）和软性（管理指标或管理能力提升培训）执行。

第六步：一个季度进行结果验收、总结复盘。

需要 HR 和管理者身体力行地去做一些哪怕是微小的改善措施，不仅可以更少更好地招聘，同时也是 HR 能力的证明。当你对离职管理有了一个正确的认知，不仅可以让你做到正确的招聘，招合适的人，也能让你更主动地去做人才保留工作，具备更大的影响力，这才是 HR 真正的蜕变和成长。

4.7 让员工满意的四大法宝，你触及了吗

20 世纪三四十年代，研究者在西部电气公司进行的一系列霍桑研究中心发现，感到满意的员工，会更倾向于主动承担正式要求之外的更多责任，更可能以积极的心态来谈论组织、帮助他人，所做的工作也比期望的更多。

马云的那句对离职员工离职原因的解析："钱给少了，或心受委屈了！"这句话，其实就代表了员工对前雇主的一种不满，这种不满也许体现在薪酬，或是别的管理行为，但结果就是，员工不满意了。所以最后的结果就是离开。

尤其是服务型行业，员工对工作的满意度一定程度上与客户满意度成正比。感到满意的员工会提高顾客的满意度和忠诚度。能否留住顾客，取决于一线员工对待他们顾客的态度。最典型的例子就是"海底捞"。一直稳居火锅餐饮的霸主地位，和他们的员工提供给顾客的优质服务以及员工本身对企业的忠诚是息息相关的。

降低员工离职率，提升企业的核心竞争力，提高组织的运行效率，保障企业的长久稳定的发展，就从让你们的员工"满意"开始。

4.7.1 薪酬福利要合理、合法并保证相对公平

薪酬是员工赖以生存的保障，虽不能说是选择一份工作的第一要素，但绝对是不容忽视的重要因素之一。所以在薪酬的设计、制定、分配、发放、调整等流程及程序上都需要科学、合理、合法的进行。一个疏忽就可能会导致员工的怀疑、不满甚至是激发离职行为。

现在依然有部分企业，不要说住房公积金，就连国家强制规定的社保都不给员工购买，员工有怨气（给不了员工一定保障，解决不了他的后顾之忧），他的工作效率自然不会高。还有一些企业，老员工与新员工会出现薪酬倒挂的问题，这种不公平的薪酬待遇会让老员工很受伤，对企业失去信任，忠诚度自然会影响。企业内部若没有很完善的薪酬及职位发展晋升机制，员工看不到希望，又何谈员工的满意和长久发展呢？

所以说薪酬机制是员工保留最关键的方面，而固定薪酬则是员工满意的保健因素，浮动薪酬则是提升员工敬业和创造力的激励因素。虽然企业在薪酬方面不可能做到让所有员工都满意，尤其是中小型的企业。但从企业长远发展来讲至少要满足 90% 的员工群体的需求才是相对合理的。

而在薪酬激励方面做得比较出色的有华为公司，它的发展速度，其高薪酬起到了一个不容忽视的激励和推动作用。

4.7.2　关注员工成长及职业生涯规划

其实，关注是从微小的细节着手。比如有些企业会在怀孕员工即将休产假之时给员工做一些心理辅导，并备上祝福语的卡片，欢迎她的早日归队，让员工的心安定而温暖。对这样"特殊时期"的员工都会进行这样特别的关怀，员工工作起来怎么会不卖力呢？并且这种人文化的关怀势必会形成良好的口碑，带动企业雇主品牌的良性传播，吸引更多的人才加入。

体现"以人为本"的经营理念，关注员工的持续成长，员工的职业生涯规划是一种有效的方式。发现每一个员工的特点，通过目标的设定和调整、有效的组织和激励，满足员工不同层次的需求，使员工个人的事业目标和企业的目标相结合，达到共赢的局面，是企业留住人才，形成核心竞争力，保持良性发展的关键。

4.7.3　优化工作环境，提高满意度

很多 HR 会说，"提高满意度哪有那么容易，我们小企业一个，员工工资能全额发放就已经不错了，哪还谈得上那些高大上的福利呢，现在的员工让他们满意比登天还难！"

其实，我们可以换一个思路。我相信小企业的员工，他们的诉求也会简单很多。工资重要，但快乐的工作氛围、老板的人性化管理、包括舒适的工作环境都会让他们感到满意。

比如给员工开设电动车充电区、办公室休息区、备上一些下午的茶点、高温天准备一些饮料，其实花不了多少钱，但能给员工带去温暖和快乐。有一家企业因为是销售型企业，员工平时的工作压力还是比较大的，于是公司特意开辟出了一个专门的减压区域，员工可以在这个区域进行运动，比如跳绳、打桌球，练沙包或做一些游戏，非常受员工欢迎。既让员工的压力适时地得到了释放，又增进了团队更多相处和融入的机会。

4.7.4　及时对员工进行肯定与奖励

给予员工工作成果的及时回报，就是提供"及时奖励"。而这种奖励，既可以是物质方面的，比如激励政策的兑现，也可以是临时给予的肯定。比如基层人员，在他们表现出色时，作为管理层及时发现，或奖励哪怕是几百元的红包，也是对他们行为的认可和褒奖，他们工作起来也会更卖力和忠于职责。

还可以是口头的表扬与赞美。尤其是年轻的员工，加入企业的新人，非常期待上级给予及时的关注和肯定，尤其是在团队面前，在公开场合的被肯定被赞扬会激发他们更多的正向行为，提升他们满意度的同时也会提升他们的敬业度。

优秀的管理者一般都会将"及时对员工的工作给予肯定"放在第一位。与其吊长远的"金砖"，不如把"萝卜"放在眼前，薪水固然是基础，但每天工作的快乐感觉才会激发他们真正的执行力。

让员工满意的前提一定是先选对合适的员工。是值得让企业关怀、为其规划职业方向、给予晋升空间的员工。员工满意了，他们才更愿意去学会承担、更懂得感恩，才会给企业带来超出预期的回报。而企业只有赢得了人才，才能赢得了长久稳定的发展。

4.8 如何预防年后离职高峰

说到离职的高峰期，有招聘经验的 HR 都很清楚，年后算是一个比较集中的时间，原因是什么呢。

主要的无外乎以下几个方面。

- 年底的绩效评定后，升职加薪无望的员工可能寻找新的机会。
- 公司年底核算后的亏损不赚钱自然预示着明年员工薪酬的缩减甚至是裁员，员工需要提前寻觅新东家。
- 年底拿完年终奖对个人职业规划重新定位后的跳槽。
- 新一年更多企业招聘让职场人的选择更多，增加了跳槽的可能性。

所以，对于 HR 来说，对高发离职时间及可能性要有一定的敏感度，和必要的预见性，好提前制定预案，避免因大量或关键人员的离职影响公司正常运转，或出现可能的风险。

4.8.1 人才盘点先行

一般中大型企业在年底 HR 有一项非常重要的工作就是人才盘点。

人才盘点有很多功用，比如通过盘点公司的人才数量及质量，来审视是否为明年及未来公司所需，以及盘点后的人才状况如何，按照九宫格人才分类分层进行制定对应的人才管理方案。

而对于招聘工作一样具有指导意义。

这就像一个人需要在年底的时候盘点你个人的资产一样，整体是有储蓄有结余还是负债状态，是靠一份死工资收入还是几份收入渠道并行，盘点这一年哪些支出是最大的，哪些支出是必要的，哪些支出又需要控制。只有通过盘点你才能对自己的家底非常清楚。

同样作为企业的资产——人才，需要企业每年及时盘点和了解的。有些大的企业通常会每半年就盘点一次。而对于招聘的 HR 尤其需要通过盘点去摸底，即哪些员工可能不符合不能胜任公司岗位，需要根据公司要求进行淘汰或替换。哪些员工属于正常绩效需要继续培养和观察，哪些员工属于关键人才，需要 HR 更多关注，做好保留与激励。

而对于招聘 HR 来说，招聘是一个持续的、长期的、有主动意识的行为，只是根据公司的需要会有不同的动作。

如需要汰换的，汰换之后还需不需人，什么时候需要，是哪些能力不达标在招聘环节需要注意什么。

如关键人才，做好保留与激励的同时，HR 也要时刻更新人才地图，看看外部，尤其是同行的这些关键人才状况，是否有流动的情况，因为每一年年底各大公司都可能会有一些人事变动，做好这些关键人才信息的追踪了解，为年初或后期公司的需要而采取行动。

人才盘点让招聘工作更有的放矢，做到不盲目招聘，为来年的招聘工作以指导，起到事半功倍的作用。

4.8.2　人才储备是基础

每年年底作为招聘 HR 都是围绕人来评定工作的。即这一年你给公司招聘了多少人员，招聘完成比是否达标。招聘的这些人员的留存情况怎样，流失率是否在公司要求的平均线以下。这些人员中高绩效或绩效达标的人又是什么占比，表明你的招聘质量及对人员的后期跟踪维护情况。

通过年底对自己招聘工作整体的盘点与评价，制定改善计划的同时，更要做好来年的人才储备工作。一方面是为了应对来年可能的人员离职，另一方面是补充公司每年年初正常的招聘计划。即真正有经验的招聘 HR 不是等接到公司招聘需求时才启动招聘，而是随时随地都要有搜寻人才的习惯，尤其是公司的关键岗位人才。

有些企业每年都会通过盘点的情况进行预测，来年可能会有多少比例的人员流失，假如是一个千人企业，10% 的流失率就是可能会有 100 人流失，那 HR 就需要提前制定应对方案，这 100 人如果在过完年之后流失了需要马上补充到岗，该想哪些办法，采取哪些措施才能完成呢。

有两点可以去思考。

第一是多样化灵活用工模式，或是丰富目前的用工模式。比如这 100 人之前都是全职用工，如果是公司基础岗位，那是否可以通过精简人员、职能合并，岗位外包或与外部供应商合作来实现，而不是单纯地通过传统的招聘行为来解决。一方面可以降低公司用人成本和风险，也同时开启了更创新的方式。

第二是做到提前打通渠道提前合作。每年的年底招聘 HR 还要评估各家合作的招聘网站、供应商他们这一年给公司带来的招聘效益及成果如何，公司投入与产出的情况。对合作商进行必要的优化、更换，以及产出较好的渠道需要提前商议和敲定合作意向，这样对方也会把自己公司的人才需求放在首位，以便在来年公司有了更多的资源来应对。

4.8.3　人员激励是保障

员工激励是一直贯穿在公司人力资源管理活动中，尤其是年底、来年初这个时间段。因为人员的流失，以及公司组织架构调整、战略的变化等导致的人心不稳，而更应该在这个时间段采取必要的激励措施。

大多数公司会实行年底奖励，比如年终奖、利润分成、股权计划兑现、合伙人激励计划，会给公司注入强心剂。比如我曾经的公司，有一年超额完成年度目标，虽然新一年公司组织架构调整后，来年的任务更重，并且部分人员岗位调整以及更多人会面临更大的挑战，但因为年底实行了多种形式的激励计划，从各个层面对不同的员工群体以公司最大诚意的激励，让员工在面临新的变化和更大的挑战时依然对公司有信心对自己有信心，关键岗位人员来年没有一个人离职。

很多时候，即使激励的力度不大，但员工更希望看到的是企业的诚意。能让员工在辛苦一年后有一个回报，有一份温暖，这不仅仅是物质的激励，也是文化的凝聚人心。而招聘上的激励，我觉得有以下三方面是需要重视。

（1）内部推荐重点激励。因为年底其实也是招聘淡季，年初因为各家企业都在招聘也属于招聘难的时期，所以通过内部员工的共同力量会极大地降低招聘 HR 的工作难度，提升招聘效率。而内部推荐的激励是一定要做的，并且要做好。这是招聘 HR 在年底、年初招聘工作的一个重点。

（2）到岗激励。有些企业会在每年年初有一项规定就是每一个正常到岗的员工会发开工红包，或其他的激励。这对于劳动密集型企业尤为重要。因为过完年人都有惰性和假期综合征，如果请假、延期上班的人增多会给企业的业务运营带来影响。可能一个人请个 1 ~ 2 天假似乎没什么，但如果数量众多就会有影响，还会影响内部整体工作氛围。企业又不能强制规定员工不能请假，所以必要的小激励给员工以动力，让员工期待返岗，既不影响企业正常业务，还能因此保留人员避免可能的离职。

（3）对招聘人员的激励。这个时间段作为企业的招聘人员也是需要关注的对象。无论是自招，还是内部推荐工作的推动与管理，员工的关注与保留，都需要 HR 团队同心协力打好这个仗。对于招聘负责人来说，这个时候更应该给予团队激励，无论是按照招聘计件的基础上加大激励力度，还是增加新的激励方式都能极大地调动招聘 HR 的工作积极性与热情。让他们更卖力地为企业寻觅人才、吸引人才，做好人才储备的同时还会更好地进行雇主品牌的传播。

所以，对于年底也好，年初也罢，人员流动属于正常现象，只要 HR 能够清楚自己企业的态势，了解企业自身人才的状况，提前做出预案和行动计划，就能笃定地面对新一年。

4.9　关于员工劝退的那些事儿

员工离职，有前面所说的主动离职，也有被动离职。即员工因为不能胜任岗位工作、未达岗位绩效或企业其他方面的客观原因进行的被裁员或劝退。

有一句话是这么说的，说没有劝退过员工的 HR 就不是一名合格的 HR。

于公司，劝退员工是 HR 这个岗位的职责所在；于个人，若能处理妥当，不产生劳动纠纷，也是 HR 专业能力的一种体现。

4.9.1 专业思路——搞清楚三件事

第一步，了解该劝退事件完整情况。

公司为什么要让他走人？（熟悉公司制度相关条款、清楚领导真正想法和意图、走人的原因是什么、事情本身的合理合法性）

过错方是谁？（其实到了这个阶段过错方大部分一定是员工来背，具体后面会有阐述）

对员工的整体情况有没有摸底？（入职时间、岗位、在职期间的整体表现、过错在哪里、他的个性和脾气、可能会出现的反应，以及软肋）

第二步，设计沟通方案。

以哪个点切入比较好？（直接以其过错切入，还是先打感情牌？）

谁陪同你来一起沟通？（人力资源同事，还是部门领导，是风格一致，还是一个唱白脸一个唱红脸）

沟通方案有几套？（是让其主动辞职，或是协商解除，还是就算违法解除也得让他走人）

第三步，准备材料和后续安排。

在沟通之前，就需要准备好沟通后对应方案的材料和后续工作安排。

主动辞职的，后面会立即安排写辞职报告，然后有监交人监督做工作交接。

协商解除地提供补偿的材料，违法解除的则准备好赔偿金方案，谈完就确认签字。涉及要给代通知金的不建议延长一个月后再解除关系，而应直接给代通知金。因为除了一样要支付一个月工资外，这期间可能会出现很多的变数，还是快刀斩乱麻，避免夜长梦多。并且，在沟通之前，还有很关键的一点，可能很多人都会忽略。即在沟通之前，一定要清楚老板对这件事情的真实态度，公司的底线在哪里。

很多时候，HR 的委屈，主要来自上级或老板对 HR 在这件事情最后处理上的不满意。

偏偏有些老板不会直接告诉自己的态度，即愿意给多少预算。若老板在具体预算上没有明确，但意思很清楚，就是必须走人的话。可以先把事情的来龙去脉、法律上的风险点以及合法合规性操作的赔偿标准先汇报清楚。

然后提前和领导沟通自己的操作方案会是按照 1（辞职 0 补偿）、2（协商给予补偿金）、3（违法给予赔偿金）的步骤来。

明确告诉领导，因该事件的类型谈成 1 的难度较大，如果按照法律，哪些方面是需要给到员工补偿的，不然可能会面临其他方面更严重的风险，以此降低老板的预期，让其做好心理准备，同时也做到 HR 自己不违法，按照法律程序办事。

4.9.2 个人反思——工作的敬畏心

回想自己劝退员工的经历也有很多次。有的是处在试用期的员工，有的是在公司工作了几年的老员工。结果相对都比较和谐，有些还成了朋友。

有时候，在与员工沟通的时候，其实挺为他们惋惜的。因为既然企业让其走，不管理由是否充分，但一定是某些方面做得不好而导致的。

对此，有两点建议。

第一，不管你对这家企业有多少不满意，只要你还在岗位上任职一天，就全力以赴做好你的工作，不让自己后悔。毕竟每一份工作，其实都可以让我们从中学习到很多。

第二，如果你想好了离开，就彼此之间好聚好散，没有必要撕破脸。个人也是要讲究品牌的。有时候离开不一定都是员工的错，企业方也会存在一些实际的问题，但没有关系，毕竟每一个人都不可能在一家企业待一辈子。离开也不要对自己怀疑，而是人各有志，换一个平台或许更能发挥自己的能力与价值。

每个人，不得不在职场中慢慢磨平自己的棱角。只要你选择了，就得为自己选择的工作负责，随时保持学习的意识，对工作有敬畏心。

就像电影《实习生》里可爱的 70 岁高龄的老头——本·惠科特，在退休后依然不甘平庸和寂寞，重回职场，并且随时保持对工作的激情。

他善于观察、乐于助人，同时会提前做好所有的准备工作。面试前认真的录制自我介绍的视频，前一天晚上精心准备好上班的着装，面对他人总是微笑，下班不能比领导早，且口风很严，同时主动承担并非他分内的工作。

这种自我驱动型人格的员工是每一个领导都喜爱的类型。同样，保持对工作的激情和敬畏，其实在职场上非常难得，却很重要。

HR 也是如此。不能因为怕得罪人，而只做老好人。

同样，也不能没有原则，而应保持公正公平心。对岗位的敬畏，对他人的尊敬。劝退之前先了解人性，为企业负责也为对方负责。

4.10 从一个律师身上学到的员工关系处理技巧

员工关系处理，HR 最为要注意的就是不能触犯法律法规，所以必要的时候不能自以为是或想当然的制定方案，而应提前咨询相关的专业律师，来对工作进行指导。所以，作为 HR 最好是能有律师的朋友，互相之间除了交流，也是及时得以咨询寻求指导和帮助的方式。

有一次，公司发生一起某项目的经济纠纷，前期业务部门领导和甲方财务负责人交涉未果，于是特意请了公司的法律顾问来处理此事。

现场不过 20 分钟，双方即达成一致，和平解决。

那 20 分钟的谈判至今让我印象深刻，让我敬佩的不仅是律师体现的专业性，更多的是在现场，我观摩到其专业以外的素养和软性能力。

这些能力其实也可以应用到我们 HR 在处理员工关系，尤其是处理棘手的劳动纠纷时，可以去把握和学习的。

4.10.1 不要对立，追求共赢

HR 在执行公司的决策，职位身份决定了 HR 只能去充当"恶人"完成任务。矛盾的是，HR 同样还要服务好员工，要有一颗同理心去对待被裁或是被劝退的员工。但在实际处理员工纠纷时，公司和员工双方本身就有一种对立的状态和立场在。若 HR 不能很好地从中去缓和、协调好这个关系，仅单纯机械地处理事情，就容易产生纠纷，甚至于酿出事端。

那律师一般是如何进行谈判的呢。除了在谈判之前，做足充分的准备工作，且在维护自己当事人利益的同时，还会考虑对方的利益，比如对方的软肋和底线在哪，想要的是什么，自己的胜算有多少，如何沟通谈判才会对双方更有利，从而终结这场博弈。

因为互相"厮杀"的最终结局就是两败俱伤。

《在云端》这部电影里，最终宾汉先生打败了一味用技术手段来劝退员工的娜塔莉。娜塔莉劝退员工时只关注解决这件事情的效率、具体赔偿的方案，和公司要付出的成本。而宾汉先生则会先站在员工的角度，帮他分析。

首先，这和你的工作能力无关"那些曾建立霸业，改变世界的伟人们也有过你这样的遭遇，也因为他们经历过，他们才能做到"。其次，和对方一起感同身受"明天开始，好好锻炼锻炼身体，陪陪家人，每天生活得规律一点，很快你就能找回自信心"。最后，提供最详尽的赔偿方案，为其解决后顾之忧。最终，帮宾汉先生赢回自己的职位和老板对其的尊重，靠的并不是他的专业性，而是他对人性的感性认知和理性的处理方式。

不要对立，因为你也是员工其中一员。你愿意倾听，真诚了解他们内心的恐慌不适和诉求，你的这份感性会让彼此关系更柔和。

追求相对地共赢，通过这种方式和前提去处理，结果相对更可控和顺利。

4.10.2　清楚软肋，镇定为王

我问过律师这么一句话："你觉得在你处理那么多的案件，最难的状况是什么？"

他很平静地说："无论是经济、劳动纠纷还是其他案件，无一例外都是在和人打交道，最不喜欢碰到那种什么都不怕，或什么都不看重，就要和你对抗到底的人。"

因为是人就有软肋，只有你清楚他担心或恐惧的是什么，了解他的底线，才能知己知彼百战不殆。同时，律师还提到处理员工纠纷时，HR 非常重要的一项素质，就是"镇定"。哪怕是再不讲理的员工，再棘手的状况，HR 也要理性面对，要做到镇定不慌乱。

"有时候现场的状况可能很复杂，尤其是对方情绪先失控，或故意激怒你，怎么办"我提到这种状况。

他笑着说："我刚做律师那会，也经历过你说的那种状况，但因为吃过这方面的亏，加上在这行做得久了，自然而然会变得更理性。"

清楚软肋，不是回击员工的弱点，而是深入地了解和摸准其真实的诉求。

他是更关注补偿等经济利益，还是更多地因为受冷落和不公平待遇而一定要争得面子和自尊。清楚了这些，有时候可能一顿饭就能解决本是剑拔弩张的员工关系。

镇定为王，你的状态同样会影响你对面的人，一名合格的 HR，首先要管理好自己的情绪。

4.10.3 做大格局，摆对立场

曾有一起案例，一名女性死者为某工厂人事经理，而"凶手"是该厂员工，因患有腰椎间盘突出，自认为是工伤，但当地社保部门认定不属于工伤范围。其对此不满，继而产生报复行为。

那为什么 HR 会成为此次事件的"主角"呢？

原本只是一个工伤合理合法认定的事情，HR 却因此丢了性命，因为她与员工的沟通不畅，在处理这件事情时，与员工发生了不必要的冲突，导致对方动了报复的心。

那我们 HR 如何保护自己，如何协调和处理这个员工关系。

其中有一个重要的点，HR 不要把公司的行为执行成个人的行为，不要把公司的决定演变为个人的意志。

首先，要做大格局。

出现这个事情不是 HR 愿意看到的，和 HR 本人没有直接关系，只是代表

公司与其沟通处理这件事情。同时，帮助员工理解和认识到，他的离开或许是和公司的文化、氛围，任职的这个岗位不匹配而已，与其个人本身能力无关。

当格局不同，你缓和一些、低调一些、处理事情艺术一些，员工大多还是能理解。

其次，要摆对立场。

很多时候，事情搞砸是 HR 自身没有搞清楚状况，习惯以比较强势的方式去制裁或处理员工，就会适得其反。

作为 HR，既要站在公司的立场，帮公司将风险降至最低，和员工谈判，保障公司的利益和名誉不受损害。HR 也要适时地站在员工的立场，对他的处境能感同身受，做到真诚地肯定对方的苦劳，和曾经对公司的付出，在心理上体恤和抚慰员工。同时，代表公司补偿其合理合法经济利益的基础上，若还能争取到一些额外的人性化关怀，相信员工会更认可和尊重你。

你会发现，HR 越往上走，光靠专业性已经远远不够，具备一定的魄力、情商和洞察世事和相应处理问题的能力，或许可以让你在职场上走得更轻松、从容。

虽然很难，但我相信，这才是一名 HR 的挑战和价值所在。

第 5 章

招 聘 管 理 管 的 是 什 么

5.1　招聘管理之"目标管理"——无目标，不管理

小乔在工作一年后已成长为一名招聘项目组的主管，带了两个她招过来的小徒弟。很开心地请我吃饭，顺便向我讨教带团队的秘诀。

我打趣她："不错嘛，开始带人了，不过即使是你自己招进来的下属，刚开始也不一定好带哦。"

"是的，所以这不请教你嘛，那对于管一个团队，该怎么管，哪方面是最重要的呢？"

我毫不犹豫地答："当然是目标管理。德鲁克说'不是有了目标才有工作，而是有了目标才能确定工作'。当然，其他很多方面也很重要，你慢慢就会明白。我先讲4个比较重要的方面，那就是'目标管理、渠道管理、数据管理、人才管理'。"

首先是目标管理，那如何对招聘管理中的目标进行有效管理呢？

5.1.1　目标清晰，达成共识

说到目标的一致性先讲个案例。

有家企业请了一名顾问，3天后，顾问问老板"咱公司今年的经营目标是

什么？"

老板说："要盈利，达成收入 ×× 万元，利润 ×× 万元"。

顾问又问："你觉得咱们公司的管理团队都清楚这个目标吗，还是部分清楚？"

老板说当然是百分百清楚了，我们前不久在经营会上提及过。然后顾问说："我实际调研了一下，只有不到 50% 的人答对了。"老板哭笑不得。

不要小看目标本身的数字，比如利润 500 万元和 400 万元，完成的意义是不同的，对组织的影响也是不同的，并且不同目标达成所用的方式和资源可能也是不同的。招聘也是如此。一个月招聘 100 人和招聘 50 人，承担的压力和调用的资源都将不同。

所以，招聘管理中目标管理的第一要务，就是和需求部门达成对目标的共识，也就是对目标全方位的理解要一致。

比如有以下重点的几项目标需澄清。

● 是上岗人数还是参培人数（有些岗位是需要先参培，通过后才能上岗）？

决定了招聘团队需要根据不同类型确定最终的招聘量。

● 是一次性交付还是分批次交付？

决定了因时间的紧急程度而安排资源的投入状况。

● 招聘截止时间是硬性的，还是在一定时间基础上可以有缓冲时间？

因为有些是外部客户需要人才，截止时间一般都是硬性的，不能在规定时间内交付将会直接影响公司业绩。

● 招聘岗位的硬性要求，是根据之前确定的岗位画像还是有所调整？

决定了招聘团队很清楚要招什么样的人员，提高招聘的精准度。

● 到岗后人员流失的第一责任归属问题在哪个部门？

即一个月内流失则责任在 HR，负责人员离职补充同时会影响招聘绩效，若一个月以上则主责在业务部门。虽然 HR 依然会做离职补充，但会因此而影响需求部门负责人的个人绩效，加强其对人员留存率的考核。只有当对整体的招聘目标进行全方面重点要素的澄清、沟通共识，必要时书面进行确认，才不会存在鸡同鸭讲、互相扯皮的状况。

目标清晰，且达成共识，让各部门有契约精神，按照统一的目标进行，避免浪费公司的资源和损耗不必要的人力成本。

5.1.2　参与决策，进行目标转化

转化过程既是"自上而下"的，又是"自下而上"的。也就是说，在企业个体员工的积极参与下，自上而下地确定工作目标，并在工作中实行"自我控制"，自下而上地保证目标实现。

例如，一个月50人的招聘到岗的任务达成，如果这个任务交由内部人员完成，你的团队是两个人，那这两个人分别分多少任务，一般可以从两个方式考虑而定。

一个是你作为团队长，可以根据两个人的能力水平、过往历史业绩、目前其个人状况精力等直接安排目标的分解和认领，比如一个月每人必须完成25人，然后进行开会发布任务澄清目标。

还有一个方式是让员工参与进来。

即你可以先有一个基本的想法和方案，但你先别急于说出你的想法，而是接到目标后立即开会，将目标澄清后，让两个人先想方案，这50个人通过什么方式才能达成，你们每个人能完成多少，完成的依据是什么，打算怎么做，提前什么时间交付成果等。

通过这种教练式的发问可以激发其自主性，提升自我效能感，以便共同将目标完成。

5.1.3　目标的过程管控

首先做目标分解。招聘管理的抓手就是招聘数据，最终目标的达成靠的是将目标如同剥洋葱一样的分解。比如用人部门需要1个月上岗50人，按照一定的培训流失率加未通过率测算出需要参培的目标，如果是80人的话，那

两人若平均分摊就是每人每月 40 人参培的总目标。用总目标倒逼出每个人每周达成多少，再倒逼每天的到面量，再倒逼出每天的邀约量，做好目标分解图，列上每一项任务的时间点。

其次是目标跟踪及强化。目标是需要经过不断去回顾，纠偏，复盘改善的，并进行不断强化。上面那个案例的发生其实说明两个问题：一是目标没有达成共识；二是目标没有得到强化。

每天更新数据、每天报数据，及时反馈给需求部门，既是一种营销思维，让业务部门及时了解招聘工作目标达成进度，同时也让招聘团队及时清晰目标，还有多少差距，强化以目标为导向的思维认知。

最后是目标刺激及激励。激励的方式可以是多重的。比如物质的激励，和招聘计件挂钩，通过招聘提出刺激；肯定认同刺激，可以在群里及时肯定做得好的，甚至在公司群、团队会议、业务会议等公众场合表扬来刺激其招聘"狼性"，或通过零食、聚餐，庆祝小目标达成等人文关怀文化上的刺激，有更多归属感和成就感。

虽然组织最终看的是目标的结果，但只有对过程有效管控，才能更好地为达成目标服务。

以上目标管理方式，也遵循德鲁克的目标管理 4 个要点。

（1）目标管理首先强调的是客体，要求管理者要确定明确的目标，也就是说目标先行，更重视目标这个客体的因素。

（2）在实现过程中，德鲁克更强调"参与决策"，也就是说，首先上级和下级要共同参与选择设定不同层次的目标，在此基础上再谈目标转化。

（3）为了实现目标，德鲁克建议管理者规定时限，并不鼓励不休止的努力和奋斗，更强调阶段性成果、反馈、激励和复盘。

（4）目标管理还非常强调评价绩效，希望通过目标管理中的评价机制和绩效反馈，来为团队创造一种激励的环境。

这 4 个要点可以概括为明确的目标、参与决策、规定时限、评价绩效。

德鲁克认为，目标管理是管理的第一要务，这被学界和许多企业的实践所支持。所以一个好的目标管理，需要目标清晰且有一致的共识、参与决策正确的转换、有效激励评价，缺一不可。

5.2 招聘管理之"渠道管理"——管好渠道是王道

对于招聘来说，渠道就是资源，管理渠道就是管理资源。有效管理好招聘渠道能够帮助你的招聘工作事半功倍，选择适合的招聘渠道在提升招聘效率的同时也能降低招聘成本。

在此，将通过招聘渠道的种类、渠道管理原则、渠道有效性评估 3 个方面进行介绍。

5.2.1 招聘渠道种类

（1）社招网站。

作为最常用和必要的招聘渠道，一般分为全国性综合性的招聘网站、地方性的招聘网站和专业性垂直类的招聘网站。

常用的全国性综合性的招聘网站主要有：前程无忧、智联招聘、中华英才网、猎聘网、58 同城等，前三个网站俗称"三网"。每个招聘网站各有优势，可以相互补充。

三网和猎聘网适合大部分的白领岗位，初中级都适用；而基层岗位，比如操作工、司机、营业员，则可以选择 58 同城、赶集网等。地方性的招聘网站适合区域性的招聘需求，各地都有，比如齐鲁人才网、浙江人才网、厦门人才网、湖南人才网、东莞人才网、新安人才网。

行业性专业性的招聘网站则适合相应特定领域的招聘需求，例如：IT 互联网行业，可以选择拉勾网、BOSS 直聘比较好。建筑房地产行业，有建筑英才网、数字房地产英才网、一览建筑英才网等。环保电力行业招聘网站，可以选择北极星电力环保网、北极星光伏招聘网、一览电力环保英才网等。汽车行业招聘网站，主要有中国汽车人才网、汽车人招聘网、中国汽车英才网等。医药医疗行业招聘网站，有中国医药人才网、医学人才网、丁香人才、中国医疗人才网、中国卫生人才网等。海归招聘网站，有海归人才网、络可英等。

社招类网站通常是大部分企业的主力招聘渠道，重点需根据企业特定需求、岗位特点、招聘预算等综合选择一种或几种渠道，优先选择有更多简历沉淀、使用效率高、与目标人群及岗位针对性较强的渠道。

（2）校园招聘。

前面已重点介绍校园招聘，此处不再赘述。

（3）内部推荐。

内部推荐是目前越来越多企业采用的一种招聘方式，甚至在某些企业内部推荐已作为主力招聘渠道，贡献 50% 以上的人才需求，尤其以互联网、房地产、医药等行业比例更高。

内部推荐为主的企业一般都有这样的优势或特点：企业员工整体比较年轻，企业文化开放、活泼；企业规模较大，有一定知名度，自身就有的信任背书利于内部员工吸引外部人才；企业招聘需求量较大，且有负责内部推荐招聘项目组专门运营，将内部推荐做得更体系化，运营更有序、有趣、有效。

进行内部推荐渠道经营时，还要注意以下几个方面的建设。

①运营流程：通过技术手段降低员工作推荐的难度，简化和规范流程，提升整体闭环效率。

②激励机制：注重及时性、不同员工诉求的多样化激励措施、过程与结果相结合的方式。

③宣传与氛围营造：定期及时宣传，并提供多种宣传方式，营造活泼踊跃的推荐氛围，提升推荐人的整体体验。

④运作方式：最好有专门负责该渠道的 HR 团队，以项目形式进行运作和管理，并约定服务标准。

内部推荐的难点：一是初期的冷启动过程，先取得公司高层及相关领导支持的力量和必要的站台及宣讲造势，由上自下进行推动；二是持续性的氛围营造，避免短期效应或流于形式，营造更多认同推荐的文化；三是流程闭环本身的建设，践行体系各环节衔接工作，及时发现和改善存在的问题。

（4）第三方机构：猎头、RPO 等。

对于招聘需求量非常大及一些中高端关键人才，一般企业会采用与外部第三方机构合作，以便更省心省时，抢占市场。主要以猎头及以中基层批量岗位招聘代理的 RPO 为主。

选择猎头公司重点是选择专注于本企业的行业领域，有成功的同类岗位猎聘经验，以及通过接触看具体对接的猎头顾问的专业度。整体上，选择第三方供应商合作，有几点需要注意：筛选靠谱专业的供应商是首要，合作之前沟通清楚彼此之间的责任义务，重点是要对外部供应商有质量和时效性的双重约束；要有双赢思维，相互之间加强沟通，共同配合支持才能更好地合作；有专门的人员或团队与外部供应商对接，以项目管理的方式提升招聘效率的同时，定期复盘改善存在的问题。

（5）新媒体招聘渠道。

随着互联网的普及，越来越多新兴的招聘方式应运而生，比如一些 APP 的软件、微信公众号、微博、微信等多样化的网络新媒体的渠道。但就整体招聘而言，这种渠道一般只作为补充或特定岗位的长期招聘方式，不能在最短的时间解决大批量的招聘需求，应充分发挥新媒体传播快速、便于沟通建立连接，形式新颖活泼的特点，在快速传播企业雇主品牌的同时，适合年轻化求职人群的沟通。

（6）其他补充渠道。

如内部人才数据库，人才地图，通过长期定期做内外部人才的盘点、信息整理，建立人才储备库，定向人才吸纳，跟踪维护，以备不时之需。

5.2.2 渠道管理原则

对于渠道管理，在了解其不同特点时需要根据以下几个原则进行筛选与管理。

（1）针对性原则。

每个渠道都有其不同的属性及优势，企业需要根据自身的实际情况选择适合的、针对性强的渠道，才能做到精准招聘，找到适合的人才。

（2）多样化原则。

因大多企业整体招聘需求的多样性和紧急性，需要企业的招聘渠道同样多样化，互为补充，而不是只采用单一的渠道，这会严重影响招聘进展及其业务。

（3）岗位匹配原则。

因招聘岗位的不同对渠道的选择也有很大影响，比如基础类批量的岗位可采用网络招聘、RPO，中高端可采用猎头，新媒体岗位可匹配新媒体的方式获取。

（4）快、准、惠原则。

评估一个渠道的性价比如何，一般企业会有"快、准、惠"的需求，这是招聘的特点决定了，希望在最短的时间用相对少的费用招聘合适的人才。但这三点某些时候很难全部具备，需要根据具体情况而定。

（5）顺应未来趋势的原则。

任何一项管理措施及活动都需要顺应趋势，接受时代变化的考验，招聘同样如此。随着人工智能、VUCA 时代到来，招聘在采用更多系统化、智能化软件的基础上亦要做出传统的改变。

5.2.3　渠道有效性评估

任何渠道的拓展、运营、维护及管理，最终的目的是要给企业带来利益，所以对渠道的有效性评估是招聘管理的重中之重。但随着互联网技术的日新月异，伴随着流量概念的崛起，其实 HR 已经很难用传统的方法去评估一个招聘渠道的优劣了。因为各个渠道的边界在日益模糊，互相交融。

因此，我们与其来评价某一个招聘渠道的性价比，不如以全局视角来评估企业整体招聘渠道布局策略和资源投入产出比。

（1）流量为王。

对于招聘来说，HR 需要考量该渠道能帮助企业获取多少求职者尤其是合适的潜在雇员的流量。也就是到底有多少人浏览了你的招聘信息，以及又有多少合适的转化率。

HR 需要判断的是如何在各大招聘平台中分得更多关注。因此，HR 不仅要关注单个岗位的点击量或浏览量，也需要关注这些传统渠道的流量数据。

流量只能代表这个招聘渠道是有传播力的，聚拢更多求职者关注和投递个人简历，它是招聘资源的基础，但不能代表这个渠道是有效的。要判断一个渠道是否有效，还是要看这个渠道能够提供的有效简历数和入职数（有效简历数为双方能达成初面意愿的简历）。

每个企业的资源都是有限的，如何在有限的资源内，做出有效率的决策是 HR 需要思考的问题。因此，有效简历数是 HR 需要考量的数值。但 HR 在考量时，不应该只是考虑数量还需要考虑时效性、职位难易程度、费用比率（费用比率需要综合全年数据）。

（2）有效简历数。

梳理简历数是因为候选人没有入职并不一定是渠道的原因，而有可能是招聘环节中的其他问题而导致入职失败。因此，有效简历数在某种程度上更能够体现出渠道的有效性。

（3）入职率。

企业最终是要靠结果说话的，因此各渠道的入职数（特别是全年数据）更能够体现渠道的最终价值。最后，当梳理完这些数据时，HR 如果一定要优化渠道时，我们需要分析的是根据企业未来的经营目标或战略，企业需要匹配怎样的人员招聘需求结构。

当有了招聘需求结构时，HR 需要根据企业的战略定位及预算总额赋予流量、简历数、入职数不同的权重并综合各渠道的横纵向数据来评估招聘渠道的价值，最终形成企业的招聘渠道矩阵。

5.3 招聘管理之"数据化管理"——行不行，用数据来说话

随着人口红利的日渐消失，工作方式越来越多样化，现在的招聘工作越

来越难开展了，对 HR 也提出了越来越高的要求，鉴于招聘工作本身的可量化，使得拿结果说话成为招聘 HR 的挑战。而结果通常以可量化的数据体现，使得招聘的相关数据对 HR 的重要性，如何利用数据、挖掘数据、分析数据从而进行改善和提升变得尤其重要。

如何做好"数据化管理"，这里将从"数据源管理、数据分析、数据管理的关键点"3 个方面进行阐述。

5.3.1 数据源管理

（1）保存数据的重要性。

数据分析及管理都离不开数据，但往往一些中小型企业及 HR 对数据的管理意识还比较薄弱，体现在对数据源的沉淀上、准确度上、存储载体上的不足。

我曾经在进入一家企业负责招聘工作，让我非常意外的一点，一个将近2 000 人的企业，有独立的招聘团队，并且每年也有至少 500 人左右的招聘需求，但无法提供连续两年完整的招聘数据。原因是数据管理意识、缺乏系统支撑及规范化运作上存在问题。

如果无法提供相对完整或有一定连续性的数据源，以及提供的数据并不准确，那所谓数据分析就没有了任何的意义。所以有效数据管理的第一步就是做好数据源的保存、维护、更新，做好及时下载存储分析运用的工作。

（2）工作交接的注意点。

招聘工作既有显性的紧急的招聘需求，也有隐形的有一定时间弹性的招聘需要，决定了招聘工作在企业中的定位应该是长期的、持续的，而负责招聘工作的 HR 却会因为个人及企业的原因离职，使得很容易因为企业自身离职管理流程的规范性及负责人员的职业素养导致招聘相关数据的流失或不完整。这也是经常在中小企业发生的现象。

解决的办法首先是规范招聘人员的岗位职责，形成正确的职业观念，毕竟关于人才的招聘数据某种方面也是企业的资源或资产，同时做好过程的系统监控，以及离职管理规范，避免因工作交接导致数据断层或出现问题。

（3）系统存储、更新的必要性。

为了避免人为存储数据的局限性，大部分的企业已使用招聘相关的管理系统，全程进行招聘工作的闭环管理，这是非常必要的方式，也是未来人工智能的趋势之一。

5.3.2 数据分析

（1）招聘漏斗工具：改善招聘过程，达成招聘结果，如下图所示。

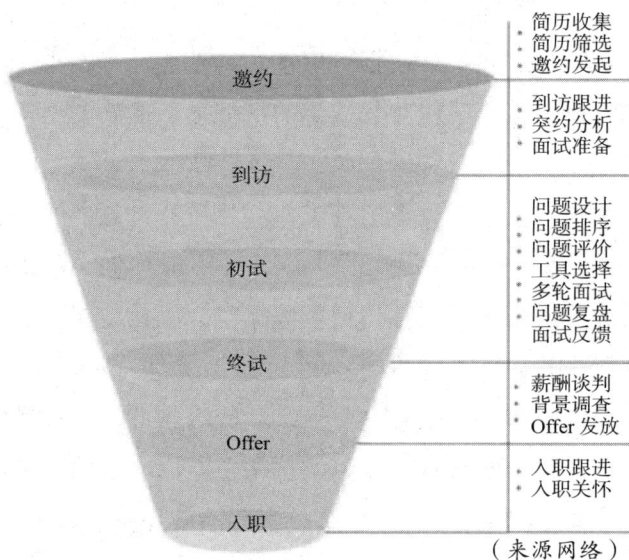

（来源网络）

招聘漏斗指通过招聘流程各阶段的状态，逐渐淘汰不合适的应聘者，把合适的应聘者层层筛选出来的过程。基于招聘漏斗分析，可以统计各个环节转化率。转化率直观反映了招聘过程的效能和效率，让招聘过程关键环节的问题一目了然。

例如，某企业经过一定周期的数据统计发现，在招聘销售主管的岗位时，有效邀约是70%，到面率是50%，初试通过率80%，终试通过率50%，Offer接受率95%，入职率95%。即可看出该企业的招聘难点在于前端，在初步需求合适人选上花费时间最多，有效邀约及到面率不太理想，需要找到问题产生的原因，是招聘人员不足，还是对岗位要求较高难度较大。其后端数据即面试通过的人选基本上能正常入职，代表企业对该岗位人选选拔的慎重和严谨。

（2）各项招聘指标的数据分析，如下表所示。

类别	指标	计算方式
关键绩效	招聘计划完成率	到岗人数 / 需求人数
	招聘计划完成率	接受 Offer 人数 / 需求人数
	招聘及时率	预计到岗日期内的到岗人数 / 需求人数
	平均招聘周期	最后一人的录用时间 - 需求审批通过时间
招聘过程	简历初筛通过率	通过初筛人数 / 应聘人数
	初试通过率	初试通过人数 / 参加初试人数
	复试通过率	复试通过人数 / 参加复试人数
	面试到场率	参加面试人数 / 邀请面试人数
	录用率	录用人数 / 应聘人数
	到岗率	报到人数 / 录用人数
渠道效果	渠道有效简历率	各渠道提供的简历：通过初筛人数 / 提供的简历总数
	渠道面试通过率	各渠道：通过面试人数 / 参加面试人数
	渠道录用率	各渠道：录用人数 / 提供的简历总数
招聘成本	单位招聘成本	招聘总费用 / 到岗人数
	渠道招聘成本	渠道费用 / 到岗人数

（来源网络）

招聘数据既有过程数据，也有结果数据，包括如果是招聘负责人，还包括整体招聘团队的个人招聘数据的分析也是必要的。

5.3.3 数据管理的关键点

（1）关注成本数据。

HR 要有成本意识，同样的招聘进度、人才质量，作为老板当然会选择成本更低性价比更高的方式和结果。而关于成本数据中，有两个数据要着重关注。

第一，数据是"获取一份有效简历的成本"。有效简历的定义是双方都认为合适且成功预约了面试。如果用在线网络的渠道，预计一份有效简历的成本大多数需达到 200 元甚至更高上千元。

第二，数据是"招聘到一名合适的通过试用期的新员工的成本"。成本中又分为直接成本和间接成本。直接成本指为了招聘事项直接付出的费用。常见的直接成本包括招聘网站的服务费、人才测评费、宣传品、内推奖金、场地费（现场招聘）、差旅费、电话费等由招聘直接产生的费用。间接成本的定义指为了招聘事项间接花的钱，间接成本包括招聘人员的薪酬、各面试官的时间成本、试用期不合格新员工人工成本、办公用品消耗成本、相应的管理成本等。

成本数据是一个结果性数据，我们光谈结果并不能改变结果，要想降低成本，需要通过上述的招聘过程优化，提升运营效率，改善各项招聘数据。

（2）数据趋势。

数据不能割裂地看，需要在一定的时间周期内看整体数据变化的趋势。

例如一个季度或半年内，总体的招聘完成率如何？各个单项数据的趋势如何？是否与总体的招聘完成率基本保持一致？是否存在某个环节的数据的下降趋势特别明显？

有效的数据分析尤其是数据的趋势变化对招聘目标的设置，有很强的指导意义。

例如，有一家企业是零售行业，招聘量比较大。最开始的时候，招聘小伙伴其实是有点茫然的，因为她不知道她工作一天之后，每一天的工作结果对最终的招聘结果有多大影响，成就感很低，特别如果哪一天的招聘效果不佳的情况下，真的是雪上加霜。不停地打电话邀约，其实也是相对枯燥的工作，人也很疲惫。

为了解决这个问题，我们开始统计和分析数据。经过一段时间的数据积累，我们会发现，我们企业的简历通过率大约是 50%，初试通过率大约是 70%，复试通过率也大概是 50%，入职率大约是 60%，然后试用期通过率大约是 70%。得出这个数据后，当业务部门要求我们招聘 10 名销售顾问的时候，我们开始倒推目标，要招到合适的 10 名销售顾问并通过试用期，我们需要 15 名销售顾问入职，需要 25 名候选人通过复试，需要 50 名候选人通过初试，需要 72 份有效简历，需要 144 份邀约简历（联系不上、空号等不能计入内）。

通过这样的测算之后，招聘小伙伴每天的工作目标就很明确了。第一次实施这样的数据化管理下的招聘管理工作时，要非常敏感的紧盯每天的数据，怕出现意想不到的情况。经过两次实验之后，我们发现这种工作方式，效率提高了很多，因为我们内心会有种确定感，也知道每天需要做到什么程度才能完成招聘目标。

（3）发现数据的问题及原因。

数据中体现了哪些问题？问题的根源是什么？例如，某企业要求 HR 在一个月内招聘 10 名电话销售，但是半个月过去了，还只招聘到了 3 名。

经过数据统计后，发现该岗位的入职率特别低，HR 经过回访后发现问题出在企业因招聘压力过大面试时过度营销，造成求职者对该岗位产生疑虑，加上该岗位基本工资有些偏低，从而造成合适的求职者入职意愿度不高。

通过这个案例，我们可以发现数据化管理的招聘工作逻辑是：统计数据—分析异常数据—通过沟通、现场观察、回访等有效方式去找出问题的根源—提出有效的解决方案。

（4）改善数据的动作及方案。

HR 要找出最可能改善的环节是什么？我们的改善方案是什么？

如上述案例通过对数据的分析，经过调查回访发现产生问题的原因，后经过公司对面试官进行系统专业化的培训，调整面试沟通风格与策略，在一定程度上提升了候选人的入职率。

HR 并不可能解决所有的问题，比如说企业知名度、雇主形象、办公地点或薪酬体系等，这些都是长期的综合性工程。HR 很难在短期内通过一己之力去完成。但 HR 可以通过对每个环节的观察、分析、判断来挖掘出 HR 最可能改善的环节是什么，并提出相应的解决方案。

招聘工作是一项结果导向特别强的工作。想要有好的结果，就必须得有好的过程，如何让我们的过程变好，数据分析只是手段，真正重要的是透过数据挖掘出问题的根源，分析出 HR 能做的是什么，做出一些力所能及的改变，让 HR 的工作更有成效和价值！

5.4　招聘管理之"候选人管理"——人才地图，让你有人可用

对于招聘工作来说，从始至终都是围绕"人"来展开。HR 要有先人后事的思维，即对于组织中招聘的岗位需要什么样的人，具备什么样的知识经验及技能。这个人在哪里，最精准的无疑是来自同行或竞争对手的人才，或市场上同类型的岗位。但如何获取其全面的信息，以便吸纳与储备人才是重点。

毕竟对于人才竞争白热化的当下来说，谁掌握了更多人才的资源，谁就能把握核心竞争力。

对于 HR 也是如此，比如你去应聘一个招聘经理，面试官说如果录用你，下个月能不能搞定某个关键岗位的人才。如果你手上正好有这个资源，这个机会就会属于你，或是如果你接到一个市场总监的招聘需求，是从手头人才地图（前期积累目标公司、目标候选人等相关信息）中筛选容易，还是重新去招聘网站大海捞针容易？

找得到、招得来、留得住，是招聘的第一要务。不是为了人才地图而地图，是行动了之后，自然就有了人才地图。

对于一个招聘 HR 或企业人力资源负责人来说，人一定是首要去关注的，这体现出候选人管理，即人才地图的建设工作的重要性。

5.4.1　什么是人才地图

通常分为内部人才地图与外部人才地图。这里重点讲解外部人才地图建设。即外部目标人才状况，系统的了解、绘制、掌握外部关键人才的区域分布，掌握人才所在公司、资历、背景、薪酬状态及人才兴趣点、跳槽动机等，目的是引进人才。

人才地图有什么价值？对内能够帮助企业明确关键人才的状况，了解关键人才的整体优势 / 劣势的战略地图。快速精准地招聘选拔企业需要的人才，做好人才储备工作，提升企业人才竞争力。

5.4.2 对谁做人才地图

主要有三类人群。

（1）目标公司所有岗位。

一般目标公司是同一个行业同一业务领域的公司，从对标管理来说，目标公司的岗位一定是 HR 首先需要关注的。

岗位设置是由公司的业务及架构决定的，了解对标目标公司的所有岗位，即可了解其整体的组织架构、业务战略的方向，通过对标管理做本公司的岗位价值评估、岗位合理评价和定位。

（2）目标公司的目标岗位。

因为与目标公司有相同的业务、产品、组织架构和职能，决定了在岗位上的这些人，尤其是关键岗位的人才，是 HR 最为关注的重点。

目标岗位上的人选他们的来源，目前的绩效，汇报关系、管理幅度、人才发展路径等状况，值得 HR 做好研究的同时，为储备人才打下基础。

（3）市场中同类型的岗位。

比如你所在的是一间互联网公司，要招聘一个电销主管，除了同行业另一家互联网公司电销主管岗位是比较合适的人选之外，市场上的其他行业的同类型岗位，如教育行业、金融行业的电话主管，同样可以成为搜寻的目标。

5.4.3 怎么做 & 怎么用人才地图

（1）锁定目标公司。

比如竞争对手、同行、与公司产品相关联公司及有相同岗位职责的市场中的优秀企业。获取的方式可以通过业务部门咨询、网络搜索、已入职同事打听、已面试候选人信息、同行咨询。

获悉的内容一般有两方面。

一方面是组织情况：公司的组织架构、创始人、股东、核心团队、部门及人员配置、薪酬福利情况等。

另一方面是关键人物：背景、学历、年龄、工作经历、职业发展、目前薪酬、诉求、离职意愿等。

（2）确定人才画像。

如目标公司的目标职位、同行业相关职位；获悉的内容有所在部门、职位名称、职级、数量、岗位职责、汇报关系、管理幅度、发展路径、岗位知识技能、能力素质、薪酬待遇等。

（3）多渠道搜索。

如外部线上招聘渠道：专业招聘网站（前程、智联、猎聘、拉钩、BOSS直聘等）、社交招聘渠道（脉脉、微博、朋友圈、知乎、公众号、论坛、相关线上活动等）。

外部线下招聘渠道：朋友/同学/同行推荐、招聘会、猎头推荐或置换、沙龙、目标公司员工等；内部招聘渠道：企业人才库、相关人员推荐等。

（4）整理信息拼图。

整理人才地图的信息一般围绕这3个原则。

● 准确性：反复核实、多方取证。

如果所获取的信息并不真实可靠，那不仅没有意义反而还会误导企业人力资源活动，所以信息真实性越高对企业越有指导意义，HR需要多渠道获取对比整理后反复核实才能提升准确度。

● 全面性：广泛搜集、掌握全局。

● 时效性：定期跟踪、及时更新。

因为企业随时都会发生变化，业务的变化导致人才也会变化。

（5）吸引适配人才。

● 分析离职原因（离职动机）。

客观因素：健康、居住地或家庭的变化等。

公司问题：经营不善、业务转型、办公环境、发展空间等。

个人问题：上级相处、岗位适应、个人价值观等。

● 找出决定性因素（利益诉求）。

是更在意与职位相关的薪资、福利、发展，还是注重公司品牌、环境、团队、文化或行业发展以及其他某个方面候选人较为关注的诉求点。

● 打消候选人顾虑（建立信任）。

不同岗位不同层级的候选人所关注的内容及重点是不一样的，比如中高端人才更看重公司 / 项目是否靠谱、团队氛围、公司文化、未来发展、目前职位的短期及长期收入、老板或创始人等核心要素。

就他们关心的方面进行深入沟通，打消他们的顾虑，做到有的放矢，让对方觉得你很懂他，从而建立彼此之间的信任。

5.4.4　人才地图的维护

就像任何一个软件系统一样定期维护才能更好地提升运营效率，发挥它的作用一样，人才地图同样需要进行定期的跟踪维护，除了以上所说的对信息进行准确性验证之外，还需要对信息进行必要的更新，以及根据企业发生的变化需要进行版本的迭代，补充需要的新增信息，去除不再对企业有价值的信息。

第6章

从"自己做"到"他人做"

6.1 管理意识：第一天当主管啥都不会，这三个秘诀拯救你

一天，小乔下班后来找我。

她一坐定就和我倾诉目前工作的烦恼：自从带了招聘团队以后，发现自己的收入比之前一个人做业绩的时候还少，这让她比较意外。

我问她："先不说收入，从你带人以后，你觉得自己有没有在其他方面有收获和成长呢？"

她想了一下，说："当然有，上次教下属约一个人，后来人选入职了，他很感谢我！这种成就感和以前一个人工作的时候感觉不一样。"

"那就对了，慢慢地你还会发现很多地方与你以前一个人工作是不一样的。"

相信很多新晋主管都有这种体会，职位和角色的转变让他们有很多不适应。比如从前只要干好自己的活就行，现在还要为下属的绩效负责。之前做错事个人承担，现在要担负一个团队的责任。

"一个人事情再多也能清楚理出一二三，而现在每个人都向自己反馈问题，不知道该如何解决？"

作为一个新晋主管，我觉得相比较能力的重要性，在个人的心态上、意识上以及角色定位上要先做出改变，这是首要的。能力会在后期的工作与管理中自然会得到进一步提升。

6.1.1　工作任务的转变：从做好个人业绩到负责团队绩效

很多主管都是从一线提拔起来的，大多因为业务能力。在工作中执行力强，工作效率高，能打仗。

但晋升为主管之后，面对上面直接压下来的团队任务，还有团队里不同性格的下属，如果再遇到几个刺头不好管理，就更让新晋主管非常焦虑，压力很大。

他们最为关注工作目标，还是像以前一样努力争取漂亮地完成任务。但作为主管，如何看待目标，完成目标，这个打法和以前一个人的时候是有很大不同的，这是新晋主管首先要意识到的。

比如团队业绩任务 10 万元，4 个下属，一般有 3 种分配的方式。

● 每人完成 2 万元。

● 主管自己先承担 6 万元，剩余下属每人分摊 1 万元。

● 10 万元全部交由下属完成。

合格主管其实应该选择最后一个方案。

或许有人会说，如果这 4 个下属都是新人或刚招聘来的，没有能力完成，那岂不是就达不成目标。其实，很多时候，不是下属没有完成的能力，而是作为上级的你不相信下属有完成的能力。

即使是新人，也不要低估别人的潜力。作为团队负责人你不是把任务分配完了工作就结束，而是要对下属进行培训培养，同时提供资源和支持给团队，还要进行必要的指导、跟踪，及时纠偏，确保目标的完成。

或许它成效最慢，比你一个人完成来的时间还更长，但作为一个合格的主管，首先要对主管的角色有正确的认知，即管理是通过他人来完成目标。其次要明白你的主要职责是对团队任务进行目标的合理安排和有效监督及指导，为组织培养更多和你一样有能力的优秀个人。

一旦成长为主管，你代表的不再是你个人，若还是用之前员工的心态和思维做事，靠个人的力量去完成业绩，这样的主管最累，也无法带领下属成长。

所以，一个合格主管，需要了解下属的性格特点和能力水平，调动团队人员的工作热情，激励他们的潜能，高效完成团队的整体绩效。

6.1.2　意识转变：从单纯做事到有效管人

很少有主管是因为所谓的管理能力被提拔，大多是因其出色的业务能力，即"做事情的能力"。但往往很多新晋主管的问题也出在"过于专注做事情，而忽视了对人的关注"。也就是，不懂"如何管人"。

"管人"的前提是"了解人"。可很多主管的意识没有转变，大部分的时间和精力依然停留在"做事情上"。

有一位业务部门主管 W 推荐了一名行业销售精英 Y 加入自己所在的公司，Y 是 W 在 B 公司时的下属，Y 从 B 公司离职后又去了 C 公司待了几年，现在加入了 W 目前的公司。

W 和 Y，是同事也是朋友，按道理，会是非常好的工作搭档。可就在 Y 工作了两个月之后，突然向公司提出辞职。

Y 离职的主要原因是不适应公司业务操作模式，而 W 作为 Y 的主管在推荐其加入公司时，更多考虑的是其业务的能力，却没有考虑到 Y 的个性与公司文化上的匹配。

麦肯锡公司的管理者们将 15% 的工作时间用于员工管理，创造各种机会与下属交流、谈心、反复给予评价或指导。

被誉为 20 世纪最伟大的企业家杰克韦尔奇也将工作时间的 60% 用于培养和发掘人才。比如，他很注重员工如下方面。

● 掌握哪些技能。

● 工作是否积极。

- 性格怎样。
- 属于忠诚者、贡献者、服从者还是漠不关心者。

管理，远比"简单的做事"要难很多倍，也重要很多倍。

作为主管，唯有先关注人，了解他，懂他，先从情感上获得对方的认可和信任，才能有效地去执行工作目标。

不要做个人英雄主义，而要懂得人性，将优秀的人唯自己所用，将自己从事务性工作中解放出来，才不辜负这个职位本身的价值。

6.1.3 心态转变：先成人后达己

我在面试主管岗位的时候，一般都会提这样一个问题："在你过往的工作中，让你最有成就感的事情是什么？"

有些人会说"发挥了自己的优势，取得了一些自己觉得还不错的成绩。"而有一些则说："帮助了某个下属的成长，而让自己很有成就感。"我对后面的答案更有兴趣。

前者更多的会从个人角度去描述，而后者更愿意从他人的维度思考。由此而判断这个人是"先己后人"还是"成人达己"。

"先己后人"型主管会先关注自己，甚至去抢下属的功劳，担心下属光芒盖过自己，并且容易心里不平衡。

"成人达己"型主管，一般都会对下属的成绩及时给予肯定，在下属遇到困难时给予帮助和指导，善于发挥下属的长处，且懂得包容，并在下属取得成绩时比自己取得成绩还要高兴。

每一个主管都不是一蹴而就，都有一个不断成长的过程。但唯有心态、意识和角色的先行转变，才不会变得闭塞与固执。只有讲究对的方法，才更容易达成更大的目标，也只有具备"成人达己"价值观的管理者，才会走得更高更远。

6.2 团队管理：如何打造一流团队

很多时候，组织中的大多数管理者都是从绩效非常优秀的明星员工提拔上来的。而在成为管理者的角色时，很多方面都会发生变化，首先要变化的是管理者自身的意识和思维。

即再也不能像以前那样靠单人作战，通过优秀的能力拿结果，而应通过团队来达成更大目标。

那如何搭建并管理好团队，成为新晋管理者的首要课题。

6.2.1 一流能人造就一流团队

一个团队，如果全部都是由一流的能人组成，是不是就能取得一流的业绩呢？

英国剑桥产业培训研究部前主任贝尔宾博士做了一个研究，他把所有聪明人放在一起，组成了一个团队，取名叫阿波罗团队，结果发现阿波罗团队在跟别的小组竞争当中失败的概率反而更大。

所以他提出一个很有名的理论，叫贝尔宾团队角色理论，强调高效的团队合作并不依赖于每一个单个个体多优秀，而是靠团队之间的匹配和默契的协作。

尤其是新晋管理者，会习惯性去寻找和自己相似的人或个人能力非常强的人进入团队，觉得强强联手才能完成目标，其实每个人都不是完美的，但团队可以因为不同风格、优势特长的人互为补充而成为完美团队。

即团队内的每个人要很清楚自己的角色，也善于扮演和发挥这种角色的能力和能量，通过彼此之间的优劣势互为补充，通力协作，就能提升团队的整体绩效。

就像《西游记》中唐僧带着徒弟三人西天取经，靠的不是孙悟空，更不是唐僧自己，而是这个团队的每个人都是不可缺少的，都有自己的本领，能够帮助团队解决问题。互相之间风格互补，也能和谐相处，这也是剧中不仅能够一起降魔除妖还能有很多趣事发生的原因。

6.2.2　如何发现与了解团队里不同风格的成员

如何发现团队里每个人的优劣势，如何通过了解他们不同的性格和风格，不同处事方式，进行成员之间的互为补充，同时根据不同任务和要求进行分配适合负责与执行的成员，这对于团队管理很重要。

我个人比较喜欢"DISC"性格测试的工具，它相比较其他工具更为通俗易懂，简单实用。这是国外企业广泛应用的一种人格测验，用于测查、评估和帮助人们改善其行为方式、人际关系、工作绩效、团队合作、领导风格等。DISC 个性测验由 24 组描述个性特质的形容词构成，每组包含 4 个形容词，这些形容词是根据支配性（D）、影响性（I）、服从性（C）、稳定性（S）和 4 个测量维度以及一些干扰维度来选择的。

有一本与此相关的书籍，名叫《DISCover 自我探索》，这是我看完这本书的一个简单概括的思维导图，如下图所示。

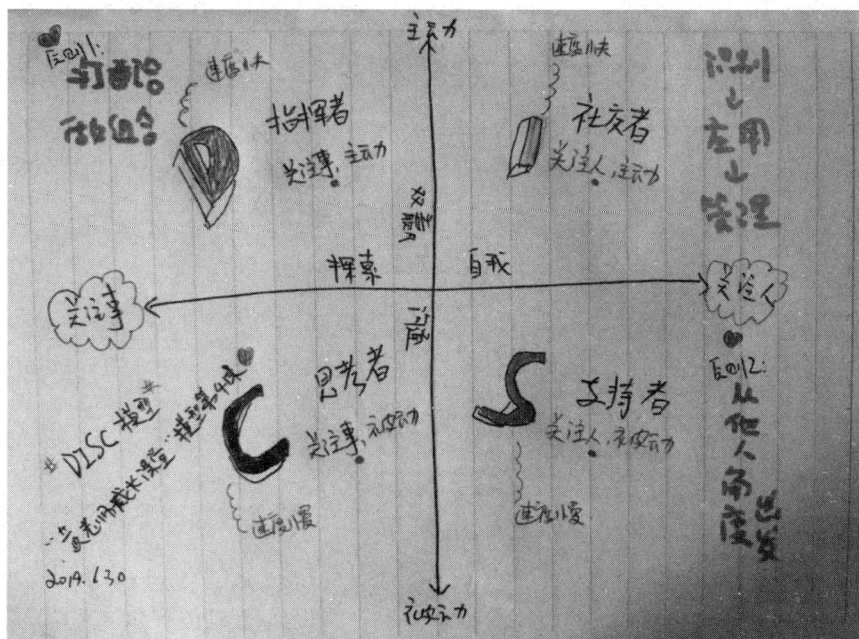

模型简要解析。

（1）主动 & 被动的衡量。

（2）关注事 & 关注人的衡量。

（3）由此分为 4 种类型：主动且关注事（D）指挥者、主动且关注人（I）社交者、被动且关注人（S）支持者、被动且关注事（C）思考者。

（4）从识别（了解自己与身边的关键人是什么类型）到学会应用（如何互相之间打好配合组合）到管理（管理自我与他人）。

（5）每个人或许不是完全单一的性格类型，而是 4 种类型里相对某种风格或特征更为明显，大多是由一种或几种风格组成，具体需要根据测验获知。

6.2.3 团队如何达成高绩效

（1）有共同的愿景与目标。

《西游记》中取经之所以成功，是因为唐僧和他的徒弟们有一个共同的目标，要去西天取经，而且这个目标要能够激励人心。而目标往高一点走，就叫作愿景和使命。这些东西或者叫梦想，是可以把大家凝聚在一起。

所以优秀的团队成员可以不一样，但一定有一个共同的目标。而团队的目标来自企业的目标分解。

一个企业的目标，如果从时间维度来看，可以分为这几类：企业从生到死的目标，我们称之为使命；十年目标，我们叫作愿景；三到五年的目标叫战略目标；一到一年内的目标则称作绩效目标。

一般团队目标则是团队共同的绩效目标，管理者在做好目标的合理分解之外，还要懂得如何将每个人都有的绩效目标提炼出共同的属性，让大家为一个共同的方向去努力去使劲，才有可能达成。

（2）良好的沟通与反馈机制。

良好的沟通在团队当中是必不可少的，如果没有沟通，那就是个人孤军奋战。有了团队的沟通，才会成为一个优秀的团队。沟通的成本和效率决定了一个团队的战斗力，因为团队成员不一样，所以沟通显得更加重要。

同样,沟通之后要有反馈,比如会议沟通结束后需要有会议纪要,需要有任务计划,需要有后续结果追踪的反馈,形成闭环。你让下属对你有反馈,同样你也要给下属及时反馈。

我一个朋友就和我提过他们老板有一个习惯,在线上沟通时要求每个人两小时内需要给他反馈,但员工在线上问他的一些问题或寻求决策意见时,往往没有任何反馈。

这种方式会极大地挫伤员工的工作积极性和工作热情,所以作为管理者一定要注意这点,即使你是老板,对于管理的沟通反馈都应是双向的。

(3)彼此信任与认可。

这是团队达成高绩效的必要基础,但这种信任与认可是需要时间的,并且是基于大家一起经历过一些难忘的事情,比如一起打过业务大战,一起解决了某个难题,一起经历了某些难忘的事情或瞬间,才慢慢形成这种氛围的。

因为团队发展是有阶段的,一般分为 4 个阶段。

第一个阶段为形成或筹建阶段,对于新晋主管来说,就属于这个期间,刚刚带领团队筹备团队,这是最为困难,容易出现问题及状况的阶段。

第二个阶段为共识阶段。随着管理者对团队的日渐了解,以及共同经历了很多事情,包括管理者自身的领导能力,团队整体在很多方面能够形成默契,达成共识。

第三个阶段即成熟阶段,也是最容易达成高绩效的阶段。

第四个阶段则是解散或重组阶段,随着业务的变化或组织的需要,这个团队需要适时地进行重组、调整。

6.3 管理实操:10 人以下小团队如何管理

我面试过一些主管人选,因为聪明努力,年纪轻轻就被提拔为主管。

他们的业务能力很出色,但在我问到如何管理一个团队时,大多回答的比较肤浅,管理意识和经验都相对比较薄弱。

6.3.1 是什么？——了解主管的职责是基础

面试时，我一般都会问新晋主管一个问题："你现在成为主管，和你之前是普通员工，你觉得最大的区别是什么？"

大多人们回答："之前只要做好自己的事情就好了，现在做好自己的事情同时还要管人。"

这个回答，只说明了曾经和现在个人工作内容上的不同，而没有认清"普通员工"和"管理者"这两者本质上的区别。

主管的定义是"通过下属实现经营者目标的人"。那主管的职责是什么？

纵向看分"实现经营者的目标"和"完成具体业务"两类。

实现经营者的目标，是考虑如何实现或者接近经营者心中的理想或愿景；而完成具体业务是负责经营的专业执行人员。后者需要更多体力上的付出，而前者更多是要动用脑力上的精力。明显主管要更多考虑和做前者的事情。

横向看分"自己做"和"下属做"两类。

自己做是执行人员，而让下属做，是监督和管理者。而我们很多管理者，尤其是新晋主管，往往喜欢事必躬亲，自己搞定。

有些是当初做员工遗留下来的工作习惯，觉得教下属做还不如自己做来得快，省心放心；而有些是从思想上，就不愿意教导和培养下属做。

曾经我让下面的一名老员工也是主管，辅导一名专员做薪资高级运算，她竟然对我说："这是我做了两年才积累的经验，哪能现在就教给别人，再说短时间内她也未必能学会啊。"

然后就看到她每到薪资核算的那几日，一个人独自加班完成。

有一天我实在看不下去了，我说："你这样加班，做的却是自己再熟悉不过的工作，你觉得有价值吗？"她一下子被我的提问给怔住了。

过后的一个月，我就看到她将这一项技能传授给了专员。于是，后面她也就有了更多时间去学习和实践她不会或需要提升的事情上来。

公司提拔你，不是让你占着主管的职位，却做着高级专员的活，而你自己同样不能只看眼前的得失，而狭隘的裹足不前。

主管的工作职责大体分为"业务管理"和"员工管理"。即对工作本身的管理和对人的管理。按照 PDCA 循环进行日常工作和人员的管理。

业务管理主要体现在"制定方针、推进业务",比如制定计划、目标、预算、活动、方案,如何来落实和推进,分析和总结,并做好费用管理。

员工管理主要体现在"管理下属、协助领导"。比如通过选拔录用、团队建设、下属激励等来落实业务,观察上级方针,完成整体任务。并且这两方面工作,以后者"员工管理"为重。

若不了解主管职责或职责不清,方向上错误,只会越努力错的越离谱。

6.3.2 如何选? ——团队组建和搭配是保障

在"管理员工"之前,首先了解自己。

你个人属于什么管理风格,关于管理风格可参考 PDP 性格测试,你是属于"老虎型""孔雀型""考拉型",还是"猫头鹰"或"变色龙",以及弄清楚你个人的核心优势和短板是什么。

准确了解自我之后,再看你需要什么样的下属,可以在性格及能力上与你形成互补,同时组建和搭配好你的团队。

掌握团队成员他们的能力特点:目前水平如何,能力优势和短板在哪,工作是否积极,性格怎样。是埋头苦干的专业型,还是灵活可培养的管理型;是习惯等待上司的具体指示,还是在自己全权负责时更能大显身手。

若条件容许,包括性别上的互补也会因此减少一些攀比和妒忌,工作高效的同时还能看到和愿意学习对方身上的优点。前期,多做一些团队组建和搭配的工作,可以让后期的管理更有效和高效。了解下属之后,针对其特点、能力和培养方向去安排和指导工作。

只有你了解自己的同时找到适合你的下属,培养、打造强有力的团队,才是成功达成团队目标的有利保障。

6.3.3　怎么做？——学会成为辅导和激励下属的催化剂

一提到激励，很多管理者会抱怨公司没有完善的激励机制，或是没有足够的激励预算，导致自己的管理工作很难推进或成效不佳。

但个人认为，真正有效的激励很多时候是不花钱的，花钱的刺激只能维持短暂的时间。能激励到下属，首先你个人得优秀。这个优秀，并不完全是个人的专业能力，而是综合实力。

比如若你的面试方法太守旧，不够专业，怎能在面试第一环节吸引优秀的下属呢？

曾经我在招一名主管人选，网上搜到他的简历，邀约时对方还在职并没有换工作的意向，但经过沟通聊天，互相很投机，对方则很爽快地答应了见面。虽然最终没有缘分做同事，但他推荐了另外一名人选，我们现在也依然是朋友。

我还认识一名主管，他学历不高，专业性也一般，但他很懂人性，对自己的下属充分授权，信任他们，人也非常热心，甚至有时候还会给下属带早餐，或是加班晚了送他们回家。

即使他不在的时候，整个团队的战斗力和凝聚力依然很好。这就是上级的人格魅力。

当你自己足够优秀，拥有别人没有或无法做到的实力，不需要额外激励，自然会有人愿意跟着你。

同时，"会不会辅导下属"也是主管区别"优秀"和"平庸"的一项技能。

而在辅导员工最关键的一点是要激发下属的强项，而非盯着他的不足。

FSS 理论就是这样的一种独特的思维方式，充分发挥团队里每个个体的强项，调动每个下属的工作积极性，从而提高整个团队的业绩。

如何调动下属的工作激情，发挥他们的长处，需要把握好辅导员工的"最佳时机"。

若辅导的不及时，通常都是员工独自在承担和完成任务，那员工在公司的成长及提升，他只会感谢自己。因为他会觉得你并不愿意带他成长，你只把他当成公司完成任务的一个工具而已，其离职，则是早晚的事情。

若提供辅导的过早，则让员工失去一定的工作自由度，会让他觉得你不信任他，同时也丧失了他原本可以自我磨炼的机会，导致他工作成就感不足，也容易有离职风险。

所以，不同员工的性格、能力水平，不同阶段，管理方式、管理手段都会不同。

作为一名合格的主管，首先，清楚主管的真正职责，保证方向上的正确，做正确的事情，远比正确地做事要重要得多。其次，了解你自己，和你适合带什么样的团队，如何将团队的能力最大限度的发挥，以及如何辅导和管理团队，才能达成公司或部门的目标。

6.4 管理者的四大误区

每一个管理者并非生来就会管理。都会有一个不断调整、不断成长的过程，尤其在心理层面，或许下面这些不良管理状态，你会似曾相识。不妨让我们从问题的源头，即人类心理上寻找肇因和解决方法。

6.4.1 忙到无暇顾及大局

"没法按时完成工作，下属的电话和邮件如雪片般纷纷飞来，应接不暇。"

"老板不断地给我压工作，但下属又不能很好地分担。"

"每天没有停歇，但一天下来好像也没干成几件事。"

管理者过度的忙碌，反而会降低绩效和生产力，并会令你变得容易忘事和疲倦，从而更容易做出糟糕的决策。还会让你早晨起床上班忧心忡忡，满腹焦虑而引发心理健康问题。而一名成功的管理者则会在 "高产" 和 "瞎忙" 之间踩出一条清晰的界限来。

首先，忙并不是坏事。

忙，说明你是一个活跃、高产、积极的人，只要你不是为了忙而忙。并且心理学研究证明，人们忙起来的时候感觉会更好，相对于无所事事，人们更愿意做点什么。

其次，找到问题根源。

忙碌的背后一定有原因。先冷静下来想一想问题出在哪里。

"我太关注细节，以至于无法看清大局？"

"我承担了额外的工作，因为我认为亲自做的结果会更好，或者教别人做无异于浪费时间？"

"我不愿意把工作分配给下属，是因为我希望他们喜欢我，尊重我？"

最后，通过行动改变自己。

关注细节是必要的，但决不能成为一个管理者的常态。

管理者最该关注的不是单一的任务或某一细节的问题，而是统筹全局，纵观八方。并且一个过度关注细节的管理者会变得不容易相信下属，而亲力亲为直至恶性循环。

同样，带教和下属工作任务的合理分配和安排是作为管理者最基础的能力。可能短期内你需要为此付出更多的时间和精力，也会打乱你个人的工作计划和步骤，甚至让下属倍感压力。但没有这样的意识和行动，管理者个人会因为陷入事务性工作和细节中，得不到管理能力的提升，从而失去对大局的预测和判断。

6.4.2 超载的大脑

首先，确认自己的大脑是否处于超饱和状态。

"是不是比以前更容易发脾气？"

"是不是经常显得焦虑和比平常更缺乏耐心？"

"更容易忘事，且一遍又一遍重复做着毫无意义的事情？"

这些症状表明，你在逼迫大脑同时处理太多事情，而且你的做事效率肯定会降低。

其次，打破固有的认知。

很多人会觉得我精力充沛，我思考能力迅速，行动力超强，可以同时做好多件事情。

但据心理学研究证明，高效能的多重任务处理能力就像真正的过目不忘能力一样罕见。

以为自己能够同时完成好几件事情的人，实际上每件事做得都不如专心致志时那样好。因为人的大脑真的没办法同时专注于一件（极少情况下是两件）以上的认知工作。

心理学中有一个 "意识—胜任力" 模型。

即人的一些意识的无察觉或错误意识会让自己陷入一种惯性思维，以为自己的状态是没有问题的，是可以胜任的。

最根本的办法就是你需要密切关注自己的工作量，及时察觉和反思，提高并保持自我的认知。

最后，做好目标任务的管理。

最简便的方式之一，是做任务清单。这是很多超级忙碌的人最酷爱的任务管理的有效方式之一。

包括我自己，每天在工作开始之前，一定都会列好今天工作的任务清单。一是让大脑腾出空间；二是更有条理，事情需要一件件来完成；三是每次完成一件就会打钩一次，看着全部打钩完的任务清单，会有满满的充实和成就感。

6.4.3　骄傲到看不见问题

能当上领导，都会有超强的自信和骨子里的傲气。

不能在下属面前丢脸，不能在下属面前显得自己没能力处理某些问题，不能觉得自己的观点或决策是错误的。

认为自己的想法最好，不肯采纳他人的建议，死抓住一个想法不放，且过于依赖从前的成功经验，不肯考虑不同的模式、选择或方案。

心理学研究证明，人们看待有悖于自己观点的思想、假说或者信念的时候，总是高标准、严要求的。会主动寻找支持自己看法或信念的信息，重视那些确认性的资讯，同时也让我们不去注意那些有悖于我们观点的信息，或是把他们的说服力打个折扣。

这是心理学中的"确认偏误"。

它会显著的影响我们的生活，能怂恿消费者买下既不想买也不需要的东西，同样也会令管理者们无法看到议题的各个方面，阻碍他们从一切可能的角度看问题，不能冷静而客观地评估局势，从而有可能做出不明智甚至糟糕的决策。

管理者若能放下姿态，认真倾听下属的观点，即便他的看法与你的完全相悖，但愿意深入思考不同的观点，并且接受它，并不会伤及自尊或破坏他人对你的尊敬，反而能为你建立起一段更加牢固和富有成效的人际关系。

不落入"骄傲到看不见问题"，就请谨记住这条规则：人有两只耳朵，但只有一张嘴，所以请多听，少说。

6.4.4　怕到不敢犯错

没有人会不犯错，管理者同样如此。管理者害怕或担心犯错，是因为他身上的担子更重，影响和责任更大。

但一个惧怕某种特定风险的领导者会因为过度害怕犯错而管得太细，或是不断怀疑自己的团队，不但会伤害自己，还会影响团队中所有人的进度，妨碍大家顺利完成工作。而这种过于关注细节，怕到不敢犯错的心理，心理学家称之为"自我效能感"不足。

"自我效能"指一个人相信自己能够取得某个特定的成果。

相当确信自己有能力的人，会把艰难的任务视作有待攻克的挑战，而不是避开的威胁。

一个人的能力、态度和认知技能构成了他的自我体系，而这个体系决定了此人在特定环境下如何感知和反应。

你就像一台发动机，而自我效能就是燃料。好的管理者自我效能感会非常强。敢于做出承诺，也能在受挫后迅速恢复正常状态，面对挫折和成就，都能展现出高度的责任心。

敢于冒险和尝试新颖的做事方法，对自己的决策和批判性思考能力感到自信。

如何提高自己的"自我效能"感呢？影响自我效能感的因素有 4 个。

● 亲身经历。

人总是对自己亲身经历的事情印象深刻，尤其是重大的事件。

管理者如果之前有过成功完成困难任务或挑战的经历，在面临下一次任务和挑战的时候，会更从容和自信。

同样，如果过往完成的任务总是不那么顺利，或大多决策并不正确的时候，这种自我效能感则会降低，容易失去自信。

提高效能感需要我们从易到难，不断沉淀自己，直至积累更多的成功经验。

● 间接体验。

间接体验，就是看见过别人在类似情况下做成功了。

就像我们经常听到的"我就看见他用这种方法做对了，我相信我也可以这样操作成功"。

当他可以仔细地回顾这样的间接体验，单是这种行为就可以提升他的自我效能感。这就是我们经常说想要变得优秀，就是多和优秀的人在一起。

因为可以获得对我们有益的间接体验。

● 言语上的鼓励。

每一个人都害怕失败，我们需要鼓励，管理者也不例外。

鼓励可以让我们更相信自己，心态更积极，更愿意参与或尝试。

为了提升自我效能感，除了多鼓励别人，得到别人对自己的肯定和赞赏，同样不要忘记，自己也可以鼓励自己，给自己加油打气。

● 情绪与身体状态。

人的情绪和身体状态对工作成效的影响也非常关键。

学会观察自己的情绪和身体状态，当出现一些不良信号或征兆的时候，我们需要机警地意识到。不要过于担忧自己做得不好，不要过于害怕失败，不要过度纠结、质疑。多锻炼身体，学会适时的解压和调整情绪，自我效能才能提升。

最后总结一下，一个好的管理者就是以上状态的反面即不要忙到无暇顾及大局；不要让自己的大脑超载；不要自傲的看不见问题；不要怕到不敢犯错。

第7章

招聘管理者的三项核心能力打造

7.1 时间管理能力：让工作效率翻倍的时间管理法则

在我们的日常工作中，你是不是会有如下苦恼：

"每天工作感觉很忙，但一天下来，总结时似乎又没干成多少事情。

手边工作越堆越多，只能通过加班来完成。

布置下去的工作，下属总是不能及时完成，或完成的质量不佳。"

问题的症结很可能就在于你工作上的"时间管理"。如何利用好你每天8小时的工作时间，高效地完成任务，让我们来学习华为公司是如何做的。

7.1.1 目标明确，行动才有效

没有目标，是时间管理的大忌。同样，明确目标，是时间管理的一大法宝。目标越明确，注意力越集中，就越容易在时间选择上做出更明智的决定。

反馈在工作上，就比如我自己，每天到办公室坐定之后，会在工作本上雷打不动的花上10分钟的时间梳理一下今天要完成的工作任务，并分出轻重缓急，且一一将其记录在本子上。

因为有清晰的记录和目标，心里很清楚每一项任务完成的大概时间，且在每完成一项任务后，就会在其后面打对勾，这样就会督促你管好自己的时

间，在规定的时间里完成任务。

每天最开心的事情，就是在下班之前看到多达十几项任务都是打对勾的状态，而特别有成就感。

当然，工作不仅要有目标，还要让目标达到 SMART 标准。

S：Specific 要具体。

M：Measurable 可度量。

A：Attainable 可实现。

R：Relevant 结果导向。

T：Time-based 时间限定。

比如你安排两个下属完成同样一份工作，一位告诉他"务必在周五之前提交三家供应商的方案对比结果"，与另一位只告知"把供应商方案汇报给我"。

结果一定是前者能及时完成且能完成的更好。

因为只有心中对目标有数，才能保证工作的顺利开展，保证对时间的整体把握和全程控制。也就是，当目标明确化，我们将选取一条最短、最便捷的路径，因为效率也是最高的。

那衡量一个目标是否明确，则体现在 6 个方面。

作为管理者，只有明确了目标与责任，则易于从总体上把握目标的协调平衡性，控制目标的按时完成。

但在确定具体目标时，有几点需要注意。

（1）考虑到个人能力、发展潜力及能源条件因素。

这代表目标要和接受目标的对象有一定的适宜性，具备一定的可实现性，否则就是没有意义的。

（2）将目标任务的表述细化至单位时间与工作细节，甚至包括工作的交接人员与支持人员。

也就是确定目标时，要注意目标完成过程的细节和相关环节，尽量细化，且明确具体的对接人员，尤其是需要团队完成的工作任务。

（3）还要考虑到岗位职务因素，自上而下地按层次逐级落实，岗位职务高的，目标责任也大；反之，目标责任就小些。

7.1.2　目标管控，量化要到位

平衡计分卡创立者罗伯特和诺顿认为"不能衡量，就不能管理。"

任何一个目标都应有可衡量的标准，越是可衡量，目标就越明确，越能给我们的行为提供更多的指导和建议。

比如你安排下属一项关于考勤统计的例子，让其"4 小时内完成 1 000 人的考勤统计，保证数据准确的情况下，形成考勤表。"

这样一个工作目标就包含了 3 个量化指标。

（1）时量：4 小时内完成。

（2）数量：1 000 人的考勤统计。

（3）质量：保证数据准确，形成考勤表。

这样一来，员工的头脑中就会清晰地形成 3 个"量"的概念，保证执行到位。如果取消其中一个量，都可能出现偏差。

即使是不同员工，在执行同一项工作时，也能够达成目标要求，按时，同量、同质地完成任务。

这也就是为什么越大的企业，反而不是能人战略，而更多地需要依赖严谨规范的体制和标准。

但也并非所有的目标都可以被量化。

比如说"心理体验、价值观、大方向"等类似的目标就难以衡量。但可遵循"能量化的量化，不能量化的质化"的原则，使工作可以判定，使目标制定者与考核者都有一个统一、清晰的衡量标准。即使不能精确，也能有一个可把握的轮廓，一个可判定的尺度。

7.1.3　目标可实现，才有执行力

目标可实现，有两重含义。

（1）目标应该在有能力的范围内。

（2）目标应该有一定的难度。

目标经常达不到会让人沮丧，但太容易达到的目标也会让人失去斗志。

这就需要让目标的设置既能让工作内容饱满，也要具有可实现性。也就是说，目标可以是"跳起来摘桃"，但不能是"跳起来摘星星"。

7.1.4　大小目标之间紧密相连

目标的制定与自己的工作有一定的相关性。若与工作无关，或相关度很低，那么即使达成了，其创造的价值也不大。

（1）首先与岗位职责相关联。

比如一个前台人员，她的工作目标是可以学外语，以便接电话的时候使用，但你不能为其制定全面学习品质管理，就不合时宜。

（2）保持目标体系的整体相关性。

目标与实现的期限挂钩。当目标被较短的实现期限所限定，其方向就越明确，那么措施和方法就越具体。

（3）目标与组织层次融合。

分清是企业发展目标，还是部门工作目标或岗位员工的工作目标。将个人目标与企业目标二合为一。

企业效率的实现，关键就在于企业目标与个人目标是否一致，当两者方向一致时，员工与企业的效率才会同时提高。

7.1.5　以确切的时间点管控进度

任何一个目标的设定都应该考虑时间的限定。

例如"我一定要晋升"。目标是明确了，只是未明确是在什么时候完成，是半年，一年还是什么时候呢。

没有时间限制，对目标轻重缓急的认识程度有所不同，目标完成效率缺少衡量的尺度，就会影响目标的及时达成。

可以根据工作任务的权重、事情的轻重缓急，拟定完成目标项目截止的时间要求。定期检查项目的完成进度，及时掌握项目进展的变化情况，以便于对员工进行及时的工作指导，并根据工作计划的异常变化做出及时调整，最终保持效率的提升。

人做事情都是为了追求快乐，躲避痛苦。有了最后期限，他会对自己有一定的约束和要求，以及会考虑，若超出了期限，会给自己带来怎样的后果，自己是否能承担起这个后果。这样他就会有工作压力，随着截止时间的临近，迫使他更努力、更有效地完成工作。

但同样，设定最后期限时，必须保证最后期限的适度。不能盲目追求速度，如果工作任务很复杂，难度较大，工作量较多，就需要确定一个适度的期限。不能因为时间截止，而手忙脚乱应付。

总结一句，在工作中，做好时间管理需要你学会如下方法。

首先，制定目标任务时须明确，给接下来的行动指明方向，避免工作盲目或混乱而浪费时间。

其次，制定的目标唯有量化到位，才方便执行和过程的管控，提高管理的成效。

再次，关注个体目标与组织目标的一致性，且保证目标完成的可实现性，同时具备时效性，才能在提高工作效率的基础上，达成最终全方面最佳的结果。

7.2 提问能力：优秀的 HR 管理者，都是提问的高手

在 20 世纪 80 年代的美国，有一个老板开了一个体育中心，专门教人打各种球。有一天网球班的教练给老板打电话说家里有事今天去不了了。

于是老板就找别的教练来代课，结果发现整个体育中心，所有的网球教练都在上课，只有一个滑雪的教练在休息，于是就问他能不能来帮忙上一节网球课。

这个教练说："我很愿意，但我不会打网球。"但这个老板迫于压力，硬是说服了他。

他说："你不会没关系，你只要记住两点，第一，无论学员怎么要求，

你都不要做示范动作，因为你一做示范动作就会露馅；第二，你去跟学员讲，看到球来了，看准了再打。球没飞过来，没看准，不要打。"

于是，这个教练就抱着这两个原则上课了。

不做示范动作、不手把手教学员如何打球，也无训话和说教，而是通过一些简单的发问："这个打得怎么样？"学生说打得好差，于是教练说："那你回去换第二个来。"然后又问："这个打得怎么样？"因为这个看到第一个学生打的时候，懂了一点点，所以大家说这个打得好多了。

教练这时也说好，然后又问："那好在哪里呢？"于是学生们各自总结了一番。

然后第三个上场，教练又问："这个打得怎么样，比上两个好在哪里？为什么？"

于是，学生们又开始思考、总结、对比分析，自然而然就学到了适合自己打网球的方法。

这个故事告诉我们，一个好的教练，未必是自己要有超强的专业技能，更重要的是要善于鼓励人、引导人，通过正确地发问，让人自动自发地了解自己，从而激发人的潜能发挥。

教练技术，本质其实也是一个提问的技术。

7.2.1　如何判断你的提问是否有效

德鲁克说过："如果你不改变问问题的方式，你永远都不会成功。"

在职场上，我们会面临很多需要提问的状况，那如何判断你的提问是有效还是无效呢？

一个很简单的方法就是，如果你的提问，不会引起对方的连续发问，算是合格。

比如你安排下属一个事情："小张，把这个方案给做了。"这就是一个无效的提问。

如果小张回答："好的，领导，但我还有几个问题需要问您，"您说的

是 ×× 方案吗？是按照我上次和您沟通的思路进行？您想要达到的目标是 ×× ？需要什么时间提交给您？"

这就是一个无效提问与有效提问的对比。不合格的提问表现如下。

（1）问题指向性不明，让对方不明白你说的是什么，抓不到你的重点，不好作答。

（2）问题太宽泛、信息量太多，不聚焦，不明白你的真正需求，不好执行。

（3）问题太封闭，局限性太强，不利于思维发散和潜能发挥。

7.2.2　有效提问三原则

上面这个案例，如果管理者经常提出一些模糊的问题，无疑是在浪费彼此的时间。

为了让对方在最短的时间里清晰理解你的意思，你可以这样说："小张，麻烦你明天下午 6 点前，按照昨天我们沟通的思路，把 2019 年绩效管理方案以书面的形式提交给我，我看过你的初稿之后我们再沟通细节。"

小张就会立马明白你的意思，剩下的就是直接去执行，而不是一而再再而三地花费更多时间在确认你的需求上。包括我们在跨部门的沟通合作上，也经常会因为提问题的方式不对，而无法得到更好的配合。比如业务部门突然过来和你说"小李，赶紧给我招 10 个销售人员吧，要快！"

招聘部门不是听到指令后立即行动，也不是让对方发人员需求表，而应该要做如下发问：

"为什么会有这个需求？是有 10 个人要离职，还是业务扩张要增编？"

"有没有其他的办法可以解决空岗问题，招聘是唯一解决问题的办法？"

"这 10 个人，是需要全部一次性到位，还是可以分批上岗？最晚什么时间？"

有效提问三原则。

（1）清晰明了，不会引起对方连续反发问。

（2）开放式问题，但一次只解决一个问题。

（3）越具体越好，可通过黄金圈法则提问（What、Why、How）。

7.2.3 有效提问四技巧

一个人在提问的时候，最不想听到对方说什么？是"不"。所以，无论对方说什么，我们不要说不，即使你没有听明白。

先回应、跟随他，就像服务客户，不管对不对，我们先响应。然后一步步通过确认对方的需求，明了其意思后，再去引导，站在"利他"的角度去分析和思考他的问题，提出解决方案，这样对方自然会更容易接受。

这叫"先跟后带"式提问。

一个好的提问，是有层次的，就像金字塔。最底层是环境，比如"什么时候，什么地点，发生了什么事情"。第二层是行为，是他曾经做过什么？行为上面是能力，这个事情需要什么样能力的人？能力上面是信念，为什么你觉得这个事情重要？信念往上是身份，你想成为什么样的人？再上面是系统，这个事情最终达成的目标是什么，有什么意义？

从系统到身份到信念，到能力到行为再到环境，越是问到底层的问题，细节就越多。往上走，是要找到共识，往下走，是要挖掘事情的细节。这叫"上堆下切"式提问。

有时候，一个人的提问除了与他个人思维有关，与其身处的时间和空间也有关。通过发散性提问，让这个问题本身更多维和立体。比如你可以问：

"这个制度是什么时候启动的，当时是基于什么背景，解决什么问题？"

"这个制度的有效期是多久，目前已经运行了多久？"

"运行到现在，好的不好的分别是什么，是否可以适用三年，是否需要改善？"

这种提问的方式，可以帮助我们除了聚焦问题信息本身，同时要让自己脱离当下的环境，从更大更广的时间和空间以及视角来全面思考这个事情，会更宏观和有预测性。

这叫"时间法则"式提问。

一个好的提问可以帮助我们纠正固化的思维定式,产生自我觉察。比如下属会和你说:"这次业绩没达标,是因为市场环境不好,客户预算也有限。"

那你可以问他:"那你觉得有没有人比你做得好一点呢?"他说有的。有人比你做得好意味着什么?意味着环境不是决定业绩的最主要因素,所以你就成功地把他思想中的框给换掉了。

有一个员工经常迟到,他说是因为离公司太远,需要一个多小时车程,你可以问:"那有没有比你更远的同事呢,以及你也有很准时或提前来公司的时候啊。"所以,距离远也不是导致他迟到的主要原因。

这叫"意义换框"式提问。

通过这种迂回的提问方式,让其自己去发现和反思,会比你直接说出答案,更有效。

因为只有自己思考到的才是他自己的东西,这就是教练永远不给予别人答案的原因,而要让他自己真正知道,只有他自己经过探寻之后得到的才是有意义的。

教育心理学家皮亚杰曾说:"每告诉孩子一个答案,就剥夺一次他们学习的机会。"也是这个道理。

有效提问四技巧。

(1)"先跟后带"式提问。

(2)"上堆下切"式提问。

(3)"时间法则"式提问。

(4)"意义换框"式提问。

7.3　应对变化的能力:如何在不断变化中笃定前行

一个在互联网的 HR 朋友和我说,他所在单位的招聘规划最近这两年变化尤其明显。说"朝令夕改"都不为过,1 个月之前还是 ×× 的编制,即根据计划还需要补充 100 人才算满编。

可就在招聘团队拓展所有能利用的渠道，快马加鞭地招聘，眼看着就要完成招聘计划时，上面突然下了通知，直接锁死了预算计划。

暂停所有招聘计划，不再招聘一个人，甚至离职的人也不再做补充。这下好了，之前招聘的候选人的资源一时没有了用处，之前已确定意向准备发Offer的人选现在还得好好协商和沟通，避免纠纷。同时，公司还计划下个月可能将裁掉 20% 的人。

危机之前就已经处于这样的变化中。相信很多企业即使在短的时间里变化没有那么剧烈，但从整个周期性时间来看，比如 2020 年与 2019 年相比较，HR 尤其能感受到围绕人的招聘规划变化的快速。

人才招聘不仅更加重要，而且难度也更大。

有调研表明，未来 5 年人才招聘中的首要任务是"回应快速变化的招聘需求"。即 HR 首先要做的是与企业快速变化的用人需求保持同步。

7.3.1　都有哪些主要方面的变化

（1）招聘计划的不确定性。

招聘计划的不确定性体现在不仅仅是像上述案例中出现的一会增加 HC 一会又缩编 HC 的情况，即招聘数量因为市场及业务的变化而不断做出调整。同时也会出现本来招聘某个岗位，后又出现不再招聘的情况，导致招聘团队做了很多无用功。

（2）招聘岗位的要求变化快。

这个对岗位要求的变化，尤其是乙方公司的角色，会更感受明显。比如上个月甲方客户说要招一名符合某项技能的员工，等你好不容易把人选找到给他送过去的时候，他又说不合适。问原因，则变成我们现在又需要另一项技能的人。

还有一种是因为市场和业务的变化，逼迫企业内部招聘的岗位也会随之变化。

比如在危机来临之前，本来招一个零售的销售人员，只要具备较好的销售谈判和抗压能力即可。但现在因为产生了危机，如果转型线上卖货，可能就需要销售人员要有一定的互联网思维，这样就可以马上进入角色，适应组织新的能力需要。而当岗位的要求发生变化，招聘团队就得重新做职位的画像，重新做工作的部署。

（3）用人观念的变化。

2020 年的突发事件逼迫着组织重新思考企业的用工模式，也让 HR 了解到如果还停留在传统的招聘方式中，将会被组织淘汰。

即招聘更多只是一个手段，重点是关注人选招聘到位之后如何使用的问题，以及用哪种形式来使用，才能使企业的成本降低，利益最大化。

就像在 2020 年盒马首次采用了租赁员工的模式。其实在国外，这种方式早已实行。

IBM 曾经因为一块新增的儿童产品的业务而需要招聘一定数量的销售人员，但对于一家 IT 技术公司即使强大如 IBM 也很难在短时间内招聘到有儿童销售产品经验的销售人员。于是 IBM 另辟蹊径，决定与迪斯尼合作。不仅因为迪斯尼的品牌，更因为它的工作场景和工作人员是最适合售卖 IBM 这种产品的，于是租赁迪斯尼的员工来使用，就成为成本最低而又快速的方式。

但如何更好地用人绝不是单纯地追求潮流的模仿，重点是 HR 应在了解政策法规的基础上根据企业实际的情况，老板的想法，企业员工的群体类型综合考量，评估企业具备哪些用工资格，共享员工的责、权、利如何分配和承担，思考其中可能的风险点，是否具有可操作性？这都是在采用某种模式后用人过程中会遇到且要解决的实际问题。

7.3.2 如何应对这种变化

（1）用业务的思维逻辑思考人力资源规划。

网络上曾有一篇云南某企业的 CEO 批评 HRD 没有价值的文章引起大家热议。

细看下来，我个人觉得这个 HRD 的主要问题，不是因为不专业，而是"过于专业"，即没有切实站在企业经营角度、不了解业务领导最需要哪种支持，导致制定出来的方案不务实，不接地气。

所有人力资源活动是依据企业战略，目前业务最紧急的需要而来的，围绕企业业务的实际需求而制定和行动的人力资源规划才是有效的。

所以HR如果想让工作更有前瞻性与有效性，就需要及时发现业务的变化，好提前调整和规划人力资源的活动，不至于HR很被动。为了避免浪费大量时间和精力做无用功，第一要务就是深入业务、了解业务。

尤其是作为招聘人员，当深入业务、了解业务之后，才能形成业务的视角和思维，从业务的思维逻辑来思考人力资源工作如何做。

如何深入业务、了解业务，方法很多。如果你是HRBP会有很多先天的资源和机会与业务贴近。即使不是，也要有BP的思维和行动习惯，比如多参与业务的会议，但要多听少说。多和业务人员交流，多记录，多思考。

我曾经就组织过一次业务部门与职能部门的交流会，通过这次座谈会，不仅让职能的同事更了解公司目前业务的现状和进展，以及可能的变化，也同样会让业务部门的人懂得HR工作的不容易和一些值得学习的亮点，以此还能促进跨部门的合作关系。

（2）与业务部门建立起强有力的合作关系。

很多时候HR和业务部门关系没那么和谐，一方面是因为走动少了，感情都是需要多走动才会更亲密。另一方面是HR给业务部门的支持不够或不到位造成的。

HR在了解业务需要什么样的支持之前，必须与业务部门保持紧密联系，尤其是搞好和业务部门及业务领导的关系。这样工作开展起来自然就容易得多，消息将更灵通，工作不仅不盲目还会更有成效。

一个聪明的招聘负责人实现招聘目标，除了自己的招聘团队，他更懂得把业务团队这个强大的资源同样要用好。

（3）聘用和培养跨职能视野的招聘人员。

如果你是招聘负责人，你会发现，团队里招人招的比其他人快的，质量好的，他个人整体的综合素质和能力也一定是优于其他选手。

因为企业招聘岗位的多样性和变化快，更需要有"全能型选手"的招聘人员，即负责不止一个业务领域，具备不止一项招聘技能。

这样的招聘人员可以与不同的候选人轻松建立关系，也能在岗位要求发生变化的时候能够适应这种差异，并能满足在不同复杂情况下的招聘要求。

让招聘团队保持灵活，以便迅速适应组织新的需求，而保持思维的敏捷性，适应不断地变化，就得有意识地丰富自己的知识结构，学习新的知识，掌握新的技能。

同时，不光是对招聘人员提出更高的要求，作为招聘负责人也需要加强与团队的沟通，将最新的招聘要求及时传达招聘团队中的所有人。

无论是外部的变化，还是企业内部的变化，在拥抱这种变化，理解这种变化的同时，做到与企业快速变化的用人需求保持同步，才能更好地完成工作。

7.4 赋能：让每个人都学会决策，成为自己的领导者

《人才管理大师》中提到过一部影片《重振球风》。

该片根据真实事件改编，讲述了一名少年收容所所长肖恩波特把一批问题少年组成了一支可以和职业球队竞技的美式橄榄球队。

这些问题少年，因为赌博、吸毒、抢劫、杀人等被收容，没有一技之长，家人也对他们失望透顶，就如他们自己所说，个个都是人生的失败者。

在建球队之前，这些孩子整体的状态就是"能力差、态度差、意愿差"。而作为队长的肖恩波特并没有放弃他们，而是带领这帮孩子最终战胜了职业球队，取得了不可思议的胜利，让孩子们学得一技之长的同时重新找回到了自信。

这份成功的背后，除了肖恩波特个人强大的意志力和坚定的信念，也和他非常有效的人才管理方式有关。

制定严谨的入队要求和规则，筛掉那些不守纪律，毫无团队精神的人。

善于发现和发挥每个人的长处，让每个人做适合自己的事情。

在训练的过程中，再苦再累都陪着他们，甚至会把自己当成靶子，让孩

子们猛烈地撞击自己而不倒地，教会他们什么是不言败的精神。

同时在带队的过程中，不断强化球队目标："从现在开始，我不管你们来自什么地盘、不管之前参加什么帮，不管来自哪里，现在这里就是你们的地盘，你们是野马队！"

让他们从内心里认识到自己的重要性，若要改变，就只能握紧拳头，齐心协力，不放弃，才有可能成功！

运用到企业管理中，这就是一种"赋能"，而 HR 作为组织推动者又该如何在企业内部进行组织赋能呢？

7.4.1 什么是"赋能"

"赋能"，是赋予某个人或某个主体某种能力和能量。

最早是积极心理学中的一个名词，旨在通过言行、态度、环境的改变给予他人正能量，后延伸至企业管理上，使企业由上而下地释放权力，赋予员工独立自主工作的权力，从而通过去中心化的方式驱动企业组织扁平化，最大限度发挥个人才智和潜能。

7.4.2 为什么"赋能"

（1）时代的不确定要求。

21 世纪是一个更互联、频率更快、更难预测的时代，我们叫它 VUCA 时代：Volatility（易变性）、Uncertainty（不确定性）、Complexity（错综复杂性）和 Ambiguity（模糊性）。

从前，我们缺乏数据，不过事情却相对容易预测；现在，我们拥有海量数据，但很多事情更加琢磨不透。

在这错综复杂的新生态下，决定了仅靠决策者很难掌握全局，决定了向下赋能的必要性。

（2）提升员工满意度的需要。

《赋能的过程：理论与实践的结合》中指出，赋能能够提升员工的工作满意度。

每一个员工都是一个独立的个体，工作的满意度和成就感更多地来源于工作本身，若员工的工作是被动地接受权力的控制和分配，就会缺失这种精神上的满足感。

通过赋能，才能驱动一个人内心真正的工作热情和激情。

（3）提升内部管理效能。

企业里有太多因为决策层决策能力水平、对一线信息掌握的不全面，以及决策时效性等综合原因导致出现重大的决策失误或因为延迟决策而丧失很多商业机会。

"把问题在今天解决，你有 90% 的胜算；把事情拖到明天解决，你就只要 70% 的胜算了。"

"故步自封的公司与创新发展的公司，两者的区别在于，会不会赋予公司中的个体有效使用权力的机会。"

7.4.3　如何赋能

（1）赋能 = 做正确的事情。

美国国家航空航天局得出了一个让人震惊的结论：70% 的空难完全是人为错误造成的。

组织更多的是教会了整个机组人员标准化的流程和精细化的管理方式，且过于注重效率。但往往就因为这种执迷于流程，对既定程序过于执着，把效率看得比调整变通能力更为重要，而不是追求所需要的结果，反而造成了这样的恶果。

所以，赋能组织，一是制定更多的、具体的紧急备用计划，从而减少组织可能出现的风险；二是增强调整适应能力，而不是很刻板地去试图消灭隐患，建立一个灵活的体系来应对这些未知的情况，修建一条更好的管理之舟，在错综复杂的善变之海中破浪前行。

让组织中的每一个人不仅努力把事情做好，更应让他们学会去做应该做的事。

（2）让每个人都学会决策。

去过海底捞的朋友相信都会有一种感受，就是服务体验非常好，但海底捞的一线员工不会因为对你的这种服务有自卑感，反而每一个人的脸上洋溢着自信的笑容。

最根本的原因，是因为在海底捞哪怕是一个普通的一线员工，都能感觉到自己是"有权"的，有决策权，有自主权。

一线员工可以决定送顾客一盘菜，一颗大西瓜等，以及免单权。而作为店长，审批权是 100 万。

全球知名的丽思 - 卡尔顿连锁酒店，在 30 个国家开设了 85 家酒店，在美国酒店业排名中，经常排在第一位，原因不是源于对一线员工进行严密的监督、提出精准的要求，不是其对流程细节的精益求精。而是每一名一线员工有权利花费 2 000 美元来让客户满意或者解决出现的问题，甚至当客户临时需要一些特殊的东西，则可以"脱离自己的岗位"去设法获取到，并且鼓励员工"使用公司赋予的权力"。

决定组织中的个体是否目标坚定，激发"狼性"，传播正能量，是组织赋予了其真正的"独立自主权"，而不是工作的外在方式。

（3）共享意识是赋能的基础。

"共享意识"：一个组织内部如果具有透明性，并且拥有有效地沟通机制，就能产生意想不到的突出效果，即便是大的集团单位也是如此。

当一个组织内部成员具备共享意识，由互信和明确的目的所锻造的，就能快速地融合成一个整体，那么这支团队将更有战斗力。

在面对迅速变化的局势时，这样的一群人能够即时反应，且迅速协调一致。

7.4.4 领导者在快速决策中发挥的作用

（1）学会较少地做出决定，而是让部下做出。

团队里每个人的每一分努力都与整体目标达成密不可分，所以，相比较让领导者单纯做出决策，更重要的任务应是培育整个组织，构建它的架构、流程和文化，使得麾下的各个组成部分能够独立自主地高效运转起来，才是正确而最有效的管理方式。

让团队的每一个人都能不停地获取整体的共享意识，他们才能根据总体战略，采取自认为最合适的行动。

领导者要采取"双眼紧盯—双手放开"的行为策略，建立和维系一个良好的生态系统，并让整个组织在其中运转。

（2）需要实施纪律约束下的赋能。

如果在第一线冲杀的个人和团队，对整个组织的情况不具备洞察力，和果断行动的能力，或错误的解读企业赋能的意义，则可能会给组织造成灾难。

所以，要想进行赋能，除了组织机制上的容许，获得权力的人必须能够拥有相应的视野，同时认可企业的价值观，具备岗位本身必备的一切技能，并在此基础上能够采取明智的行动。

（3）必须采取毫不含糊的方式与他们对话，另外要言行一致。

很多时候，企业内部出现沟通问题，并不是因为缺少倾听，也不是因为沟通能力的问题，而往往是上级的指示含糊，或管理者自身言行不一致导致的。

因为下属往往会通过观察上级的举动来度量他所说的重要性。如果上级说是一套，做的标准和行为又是另一套，就很难有效地管理到位，更别说赋能。

同时，通过"由小团队构成大团队"，也就是在一个组织内，各组成团队之间的关系如同团队内部成员之间的关系，让原先在各自的"深井"中单打独斗的团队，能够通过互信和目标的分享，融合成一个整体。

《赋能》作者斯坦利·麦克里斯特尔将军说："无论你在哪个领域，无论你处于哪个领导层级，赋能的观念和技能都是有必要学习的。"

第8章

去除"印象策略"：提升人岗匹配率

8.1 什么是"印象管理策略"及其具体表现

小乔一天很苦闷的来找我，原来是她最近统计公司销售部门离职人员的数据发现，四季度公司一共招聘入职了 60 个人，其中离职了 30 个人。

她很着急地来找我帮忙分析一下，原因出在哪里。

我仔细看了一下她的原始数据：离职的这 30 个人里面，用人部门主动淘汰了 6 个人，主动离职了 24 个人，而这 24 个主动离职的人里面，一个月内的离职人数是 16 个人，占到 67%。

从这个数据我们发现，他们公司的员工流失情况有两个高的特点，一是这个销售岗的整体离职率非常高，达到了 50%；另一个是一个月内离职的人员非常高，达到了 67%。

那这些数据代表了什么？这些员工离职的原因又是什么呢？

经过小乔对已离职人员的电话回访，与用人部门的沟通，了解到突出的离职原因。

主动离职的员工，大多是入职一个月内就流失，甚至是入职一两周就离职。虽然原因是多方面的，但大部分离职员工反馈入职以后，发现实际工作与他们当初想的不太一样，觉得这份工作不适合自己而离职。

被动离职的人，也就是用人部门主动淘汰的员工，基本上是用人部门不想用的人，虽然这些人也是当初他们自己面试招进来的，但因为新人没法胜任岗位，做不出业绩，而不得不淘汰，因为我们知道销售人员做不出业绩会直接影响业务主管的收入。

我相信 HR 是最不愿意看到这种情况，首先我们花费了大量的时间精力在招聘上，并且人也入职了，最后这些新人在很短的时间内离职，给公司造成比较大的损失，而 HR 还会陷入下一次的重复招聘中，并且离职的这些人，不管是主动离职还是被动离职，某方面来讲，其实都代表了我们招聘的一个失败。

为什么会出现这种状况，求职者和面试官自身的行为有什么问题？

短时间内大量新人离职的可能原因，虽然和很多因素有关，有客观上，也有用人部门管理上的问题，但像在一个月内甚至 1 ~ 2 周内离职的大多存在于面试沟通时出现了问题。

（1）面试官面试时因某些原因而做出未客观描述岗位胜任要求的表现。

（2）求职者面试时倾向做出并非事实但能让面试官产生好感的行为表现。

（3）这属于在面试中，求职者与面试官双方在面试交锋中，存在欺骗性的"印象管理"策略所致。

8.1.1 什么是"印象管理策略"

比如面试官急于搭建团队，同时也因为本身销售岗位就比较难招，所以可能会出现面试官在面试的时候，倾向于去说岗位好的地方，而没有把这个岗位本身的困难和挑战说清楚，比如说这个岗位有加班的情况、工作压力比较大、客户很难搞定。导致求职者对岗位想得太乐观，从而入职以后发现实际并不是这样。

对于求职者也会存在类似的问题，比如一家大型企业，求职者冲企业的光环去，或这个求职者现在特别着急想找一份工作，这个时候，他都会倾向做出最佳的表现来得到这份工作，导致面试官过高估计求职者的能力。

双方为了在对方心中留下最好的印象而做出的有意识或无意识地试图控制在社交活动中的自我形象。

其实面试就是一场交锋一场博弈，所以在面试当中，双方因为想要达到自己的目的而采用了利于自己的欺骗性的印象策略，这种印象策略其实是掩盖了真实的情况，从而造成双方误判。

8.1.2 "印象管理策略"具体表现之应聘者

"印象管理策略"中应聘者的具体表现，如下图所示。

印象管理策略	含义	面试中的表现	使用频率
奉承策略	该策略是为了唤起人与人之间的吸引力或好感。通过奉承让"他人提升"，比如口头表扬另一个人和给予他人赞美，或迎合对方的想法，来达到让对方对自己有好感。研究表明，这种策略在增加人际吸引力方面是成功的	案例1："我觉得您这么优秀，公司也一定有更好的发展前景。" 案例2："我对你们公司近来的业绩增长印象很深刻。" 案例3："我有一个朋友的亲戚在贵司上班，听他介绍公司对员工很人性化。" 案例4："您说得太对了，我很认同。"	46%
意见一致性策略	该策略是表达与目标组织内类似的态度或价值观。许多组织都关心求职者的态度或价值观与公司是否一致，求职者通过这种策略，以便使面试官相信他们是好员工	案例1："您说的有加班很正常啊，我之前公司也会经常加班。" 案例2："我觉得您说得挺对的，作为员工肯定是要服从公司安排的，这是最基本。"	54%
自我推销策略	该策略是用积极的话语来描述自己、未来的计划或过去的成就，以此引出特定的性格属性，如能力或尊重。因此，它可能被申请人用来强调与面试官的评估相关的一些属性，如领导技能或目标导向	案例1："那个季度我们团队销售业绩超出预期，90%是带领的那个组的作用。" 案例2："上一年度我们部门成为公司优秀部门，我个人也被评为优秀员工。" 案例3："虽然我不是团队里最聪明的那一个，但我工作一直很努力。"	50%以上
非言语行为策略	指应聘者在互动过程中有意识或无意识的所采取的身体动作和姿势，如眼神交流、肢体语言和面部表情等让面试官产生好感	表现1：外形上，应聘者面试时端庄大方、举止得体、兼容自然 表现2：姿态上，沟通时面带微笑、很乐于倾听，坐得很端庄正 表现3：沟通上，说话的声音很好听，语音语调适中	50%以上

第一是奉承策略，应聘者一般会有如下说法。

案例1："我觉得您这么优秀，公司也一定有更好的发展前景。"

案例2："我对你们公司近来的业绩增长印象很深刻。"

案例3："我有一个朋友的亲戚在贵司上班，听他介绍公司对员工很人性化。"

案例4："您说得太对了，我很认同。"

如果你作为面试官听到这样的话，心里也一定是感觉会比较良好，这种时候你就会对应聘者有好感。

该策略是为了唤起人与人之间的吸引力或好感。通过奉承让"他人提升"，比如口头表扬另一个人和给予他人赞美，或迎合对方的想法，来达到让对方对自己有好感。研究表明，这种策略在增加人际吸引力方面是成功的。

第二是意见一致性策略，应聘者一般会有如下说法。

案例 1："您说的有加班很正常啊，我之前公司也会经常加班。"

案例 2："我觉得您说得挺对的，作为员工肯定是要服从公司安排的，这是最基本的。"

如果应聘者这么来说，就会让面试官觉得他很认同公司的文化和价值观，认为对方有很好的工作态度，是一个有很好的服从意识的一个人，一般上级都会喜欢这样的员工。

该策略是应聘者倾向表达与应聘的企业类似的态度或价值观以便使面试官相信他们是好员工。

第三是自我推销策略，应聘者一般会有如下说法。

案例 1："那个季度我们团队销售业绩超出预期，90% 是我带领的那个组的作用。"

案例 2："上一年度我们部门成为公司优秀部门，我个人也被评为优秀员工。"

案例 3："虽然我不是团队里最聪明的那一个，但我工作一直很努力。"

如果应聘者这么表达，不管事实是不是这样子，某种程度上容易让面试官认为对方就是一个工作很努力的人。尤其是一个面试经验不足的面试官，更容易有这样错误的认知和判断。

该策略是通过用积极的话语来描述自己、未来的计划或过去的成就，以此让面试官认为他具备一些好的属性，比如态度好、性格好、有能力。

第四是非言语行为策略，它一般会有如下表现。

表现 1：外形上，应聘者面试时端庄大方、举止得体、妆容自然。

表现 2：姿态上，沟通时面带微笑，很乐于倾听，做得很端正。

表现 3：沟通上，说话的声音很好听，语音语调适中。

应聘者通过自己这种外形上、姿态上以及沟通上的一些亮点和优势的展现，容易让面试官投射到对方的工作态度和能力上也是不错的认知。

但事实并非如此，以及即使是一个外形很好，谈吐很棒，沟通能力也很强的候选人，他也并非就是适合这个岗位的最佳人选。

但往往因为这些印象策略，导致面试官会容易有错误的认知，并且你会发现这种策略的使用频率还是非常高，大多数求职者都会采用这种方式。

所以作为面试官要了解这种印象策略行为的存在，以及它的特点和行为背后的动机是非常有必要的。

8.1.3 "印象管理策略"具体表现之面试官

"印象管理策略"中面试官的具体表现，如下图所示。

印象管理策略	含义	面试中的表现	使用频率
奉承策略	该策略是为了唤起人与人之间的吸引力或好感。通过奉承让"他人提升"，比如口头表扬另一个人和给予人赞美，或迎合对方的想法，来达到让候选人对公司及岗位有好感	案例1："我觉得您的离职是您前公司的损失。" 案例2："在这么短的时间做出了这么好的业绩，您很厉害。" 案例3："原来您是XX毕业的啊，这个学校很难进的。"	46%
意见一致性策略	该策略是表达与候选人类似的态度或价值观。以便使候选人感受到公司和其是价值观一致	案例："原来是这个原因，可以理解，我认为没什么问题。"	54%
自我推销策略	该策略是用积极的话语来描述岗位、公司未来的计划或过去的成就，以此展示公司及岗位的优势	案例1："我们去年提前超额完成了集团下达的任务。" 案例2："我们公司市场占有率排名前三。" 案例3："这个岗位是公司新设立的，老板非常重视！"	50%以上
非言语行为策略	指面试官在互动过程中有意识或无意识的所采取的身体动作和姿势，如眼神交流、肢体语言和面部表情等让候选人产生好感	表现1：外形上，面试官面试时端庄大方、举止得体 表现2：姿态上，沟通时面带微笑，很乐于倾听，很友善 表现3：沟通上，说话的声音很好听，语音语调适中	50%以上

此种情况尤其会存在中小企业，没有什么知名度，加上招聘的岗位本身就很难招，简历很少，或者HR迫于招聘的压力，而不得不使用这种策略，通俗讲某种程度上是忽悠求职者入职。

比如面试官会按如下案例描述企业及岗位。

案例1："我们去年提前超额完成了集团下达的任务。"

案例2："我们公司市场占有率排名前三。"

案例3："这个岗位是公司新设立的，老板非常重视！"

案例4："我觉得您的离职是您前公司的损失。"

一方面是通过这种奉承让求职者很受用，认为这家公司很不错，面试官人很不错；同时通过对公司的过度包装，或营销，来达到吸引求职者的目的。

从而让求职者忽略对岗位进行深入沟通和了解，导致入职后发现工作实际的情况根本达不到自己的期望。

8.2 "印象管理策略"是怎么产生的

8.2.1 产生"印象管理策略"的 3 个心理动机

（1）社会常规 / 社会期待。

我们作为一个社会人，首先我们会因为这个社会常规的影响，也就是别人怎么做我们有时也会倾向怎么做，尤其是身边的朋友或熟悉的人。

比如求职者去应聘一个岗位，是和同学一起去面试的，面试现场，如果他同学表现得很好，他也会倾向做出不符合真实自己但让面试官感觉很好的表现。

人们大多数时候希望按照别人的期望去完成自己的角色或任务，比如别人都觉得你这么棒一定能够应聘上，或是家人尤其期待你面试通过，你不希望让他们失望。而对这个岗位是不是真的适合你，则不再重视。

（2）隐藏自我。

当对方尤其想要得到这份工作或有其他目的的时候，往往会忽略这个岗位是不是真的适合自己，而是更多倾向把自己最好的一面展示给面试官，就会习惯性地去隐藏自己的不足。

就像你很难唤醒一个装睡的人，如果对方早已做好了密不透风的伪装或隐瞒，大多数时候你很难看到他真实的样子，尤其是面试的方法单一，面试的场景单一的情况下，以及遇到一个面试经验不足的面试官。

（3）投其所好。

什么样的方式是大众喜欢的、面试官更愿意看到的，大多数求职者就会按照这样的方式去表现。比如求职者发现面试官喜欢看书阅读的求职者，喜欢愿意加班的求职者，或喜欢比较听话的人，那求职者一旦察觉，就会去投其所好去说一些面试官愿意听的一些话，做出面试官喜欢看到的一些行为表现。

8.2.2 "印象管理策略"给双方带来的不良后果

（1）对于求职者。

如果面试官运用了欺骗性印象策略，会导致候选人入职以后发现实际工作情况未达心理预期，让新员工产生较大心理落差，或对岗位认知不准而不适应岗位，引发离职行为，同时对雇主品牌也有负面影响。

（2）对于面试官。

如果求职者运用了欺骗性印象策略，则让面试官，过高估计了求职者的能力，入职以后才发现新人的实际工作能力并不能胜任岗位要求，而不得不淘汰。从而造成公司人力成本浪费且容易产生劳动风险。

所以，最终结果无论对于求职者还是面试官来说，都是双输的。

很多求职者和面试官，有时并不清楚一次面试对于自己到底意味着什么。对于求职者来说，面试的这个过程是展现他个人的知识技能特质，包括过去的经验及成就，最理想的结果是找到真正适合的岗位，而不是单纯的得到一份工作机会。

所以，如果求职者运用了欺骗性印象策略，虽然能够一时得到了一份工作，但因为和岗位不匹配，就会出现要么公司觉得不合适，要么觉得这份工作并不适合，相信这也不是求职者想要的。

对于面试官来说，面试的这个过程更多是展示公司的价值观、使命、目标，以及这个岗位的特点和要求，理想的结果是通过有效的面试来做出正确的录用决策。

所以，如果面试官运用了欺骗性印象策略，虽然是把人很快招进来了，但因为这种过度营销或欺骗而导致公司重复招聘、雇主品牌受损，人力成本浪费等一系列显性和隐性的损失。

对于 HR 或面试官来说，一方面自己不能出现这种行为，另一方面要能有效识别出应聘者的印象策略。

8.2.3　面试官如何避免或减少"印象策略"的发生

（1）识别谎言。

指面试官在面试的时候更多不是听对方说什么，而是在听对方说的过程当中我们要学会观察。

对方的语言表达和行为是否一致。因为话可以骗人，但一个人的行为和姿态很难伪装，这是一个人自然做出的本能。

首先我们要了解非言语行为的内涵，比如说在面试的时候，对方敢于跟你有目光接触，相对来说这个人是比较自信，如果对方一直都不敢看，目光很躲闪，那表明这个人，要么很紧张，要么不自信，甚至可能有说谎的嫌疑，包括在与你讲话的过程当中有很多小动作，比如摸鼻子、摸后脑勺、摸头发等都透露出应聘者一些内在的心理活动。

所以，面试官需要边听边观察，结合对方的这种非言语的行为来进行分析和判断。

（2）懂得发问。

面试官在面试过程当中，我们不仅要善于倾听，同时我们也要懂得发问。问是有技巧的。会问不仅能获取到你想要的信息，也能帮助你有效识别对方是不是在说谎。

这里给大家推荐的是行为面试法结合 STAR 提问法。

行为面试法是通过了解应聘者过去的工作行为表现来预测其未来能否胜任新的岗位，STAR 提问法是通过情景—任务—行动—结果这 4 个维度来提问应聘者对一件事情的完整、详细的描述，从而来判断对方是否真的做过这件事情，以及做得怎么样，来预测对方是否具备胜任岗位的能力。

这种面试和提问方式可以将问题问得更透彻、更具体，更好衡量。

比如你想识别这个人的实际工作能力怎么样，如果你直接问，对方一般都会说不错啊，很好啊，还可以啊，我们就很难判断。

我们可以这样来问，一是问对方上一份工作的岗位绩效情况。比如你可以问："您的上一份工作的岗位关键绩效指标有哪些？您的绩效结果是什么，卓越/优秀/良好/合格/不合格，是属于哪一级。"让对方给出明确的答案。

二是问对方过去完成的一项具体的工作任务，比如你可以问："您上一份工作让您印象最为深刻的一次工作任务完成的情况，请您详细说说，当时这个任务是要达到什么目标，当时的背景是怎样的？您在其中的角色是什么？您都做出了哪些行动？最后的结果如何？"看他对这次任务的过程和结果是如何总结和评价的。

你会发现，通过这样的提问方式，这个问题很全面，也很细致的时候，就能从对方的回答中很明显地判断出对方有没有做过这件事情，以及做得怎么样。

如果对方能够将自己上一份工作的岗位绩效指标，以及任务完成的情况回答得很清晰、有逻辑，有条理，同时也给出了一些能够支撑的依据，那么此时相对来说是比较可信的。

如果对方回答的比较模棱两可、语无伦次或者逻辑都对不上，那就说明有问题。比如一个对自己岗位关键绩效指标都不了解说不清楚的人，他的工作能力怎么可能会好呢？而且如果一个人没有做过某件事情或者某件事情做得并不好，你问得越细他就越难回答得出来或者很难回答得好。

（3）正确的营销。

这是属于面试官的一个修养。就是无论我们招聘这个岗位有多的困难，我们最终的目的不是把不合适的人引入进来，而是要抱着宁缺毋滥的一种态度。

宁缺毋滥的态度主要体现在两点。

第一要客观。我们在面试沟通的时候，一定不能虚假或者是过度去营销这个岗位，因为即使你把人忽悠进来了也是留不长的，所以一定要站在一个客观的角度，这个岗位本身的好与坏我们都要去和这个应聘者说清楚，只是说有些不好的地方，我们稍微可以有技巧的去讲，并且即使是岗位的一些困难点或有挑战的地方你说出来以后，如果应聘者能够接受，这反而是一件好事。

第二要专业。我们选拔人，这个人是不是适合这个岗位，不是通过我们的主观判断，而是要通过一系列专业的、科学的方法来选拔，就比如前面所提到的，通过这种行为面试法，结合 STAR 提问的方法，便能有效地考察出对方是否具备这个岗位实际的工作能力。

第9章

识别"心理学效应"：面试官的必修课

9.1 "首因效应"的具体表现及规避方法

你知道自己参加面试的时候，对方花了多少时间决定录不录用你吗？

例如，作为 HR 如果给你 30 分钟面试一个人，你一般是多久给出要不要这个人的结论？如果给你三个选择，第一个是 5 分钟结束，第二个是 15 分钟结束，第三个是 30 分钟结束，这三个时间点，哪一个是你做决定的时间。

许多人可能会选 30 分钟结束的时候。但事实证明，在 90% 的 HR 潜意识里面试的前 5 分钟心里就已有了结论。

有人说，既然 5 分钟就有了结论，为什么还要面试剩下的 25 分钟呢？事实上，后面 25 分钟是在验证前面的结论是否正确！

比如你看到一个候选人进来面试，你会看一眼候选人，如果他在那一刻也看了你一眼，即所谓的确认过眼神，那么，基本上你的面试就完成了。

因为此时，你在心里对面前的候选人多少会有一些自己的判断了，而这种判断根据 HR 个人的面试经验及喜好基本上会做出 50% 以上的判断概率，如果是一个经验非常丰富的 HR，可能就会做出 90% 的判断，即对方是不是合适。

9.1.1　什么是 "首因效应"

在 1957 年，美国心理学家洛钦斯首次采用实验的方法来研究首因效应。洛钦斯设计了不同的四篇文章，分别以不同观点来描述一个叫杰姆的人。

第一篇文章的前半段把杰姆描述的友好开朗，后半段则描述为冷漠孤僻不友好；第二篇文章与第一篇相反，前半段说杰姆冷漠孤僻不友好，后半段却说他友好开朗；随后，洛钦斯请试验者分别读这两篇文章，然后在一个测试表上评估杰姆的为人到底友好不友好。

结果表明，一篇文章的内容前后顺序是至关重要的。也就是看到最开始描述杰姆为友好开朗的第一篇文章的人，对杰姆评价为友好的人数量，远远高于在看到后面描述杰姆为友好开朗的第二篇文章的人，虽然文章其实是一样的，对杰姆的描述既有友好的内容也有不友好的内容，但先看到描述杰姆友好的人，评价其友好这种人的数量更多。可见，首因效应极为明显。

所以，从这个实验当中，看得出来交往双方形成的第一次印象对今后交往关系的重大影响。虽然这些第一印象并非总是正确的，却是最鲜明、最牢固的。

如果一个人在初次见面时给人留下良好的印象，那么人们就愿意和他接近，反之，对于一个初次见面就引起对方反感的人，即使由于各种原因难以避免与之接触，人们也会对之很冷淡，在极端的情况下，甚至会在心理上和实际行为中与之产生对抗状态。

体现在人力资源管理中，面试选拔时的首因效应也出现的非常频繁。

试想一下，某天你面试一个求职者，从对方走进你的视线开始，你就已经对他有一定的印象分在里面的。

比如你看到对方穿着很得体，看见你的时候微笑示意，且很有礼貌，你就不自然地会对他产生好感，这个好感也许你认为是很自然也是很正常的，事实也是如此，但这个心理倾向会影响你后面面试对方时的评估结果，这就是我们经常说的印象分。

所以，在面试中流行一种说法，就是对于一个求职者，你一般是多久给出要不要这个人的结论？一个是 5 分钟，一个是 15 分钟，一个是 30 分钟。

很多人会觉得除非特别明显不合适的，一般至少也得要 30 分钟的面试时间才能下判断，但事实证明，大多数面试官见到这个求职者的 5 分钟内就已经有了自己的判断了，后面的 25 分钟的沟通其实都是你想通过了解足够多的信息，来验证你潜意识里面的最初的判断！

9.1.2　"首因效应"的特点及背后逻辑

（1）先入为主性。

人们最先接收的信息所形成的最初印象会在人脑中构成记忆图式，而后面输入的其他信息则只是被整合到这个记忆图式当中去。

因此最先输入的信息会同化后续的信息，即使后续的信息被证实是正确的，它也会带有先前信息的属性痕迹。

比如你面试一个看上去感觉很不错的一个候选人，形象比较好，谈吐也很棒，是你喜欢的那种类型，即使后面沟通中发现对方在处理一些事情上有偏激的情况，你也会倾向去说服自己，可能是自己的判断不准，而更多以最初对他的印象为主要判断依据，这就是先入为主起的作用。

（2）偏差误导性。

首因效应与一个人的社会知识与社会经历也有关。

一个人对事物的认知总是要经过多次反复，要有一个积累的过程，也就是我们真正了解一个人是需要时间和更多的相处，但如果没有这个前提，并且当你的社会知识和阅历不够的时候，就很难辨别一些事情，而造成误差，包括对人的判断。

反之如果一个人的社会知识和社会经历十分丰富，那么他们就相对能够辨别真伪抓住事物的本质，首因效应的作用就会被限制最低。

这就像我们看侦探片，一个普通场景，一个普通人，对于我们常人来说，容易受表面现象所误导，但警察就不一样，而是会很理智的观察，冷静地分析，判断的结果准确性更高，这与他们的职业有关，背后是因为有专业的基础，以及经历的事情多了，自然就不会被表明的现象所蒙蔽，也很难被第一印象所轻易误导。

所以，我们面试官在面试时，如果对对方的信息了解不够，以及我们自身面试的经验太少，就容易凭自己的首因效应来判断一个人。

（3）影响持久性。

影响持久性指人们最初获得的信息所形成的印象难以改变，这一印象在人们的头脑中占据着主导地位，甚至会左右对后来获得的新信息的解释，并且持续的时间也长。

比如你招下属，同时面试了两个岗位人选，A 和 B，即使你最后同时录用了这两个人，但如果你在面试的时候对 A 的印象格外好，A 和 B 入职以后，你也会不自然地更关注 A，且对 A 的辅导也会更多一些，这都是因为一开始先入为主的印象导致你后面的一系列行为表现。

除非 A 做出了让你大失所望或触碰你原则的事情，不然这种印象会相对比较稳定。

心理学的研究表明，在接触信息的初期，即在延续期或生疏阶段，首因效应的影响重要，而在后期，就是在人们对信息已经相当熟悉时期首因效应的影响也同样重要。

（4）首因效应的背后逻辑。

真正的首因效应，它背后有个很深的逻辑，如果你见过许多的人，用今天的话来讲，有个大数据库，你显然可以快速地去察觉到这个人的某些特质。

当你见过足够多的人，你自然就知道什么样的人在公司可以存活，什么样的人在这个公司无法生存。所以当你一眼看过去，并且他没有做任何表达的时候，其实显示的是特别真实的他，比如他的眼睛、表情、气质、气场，你可以感受到。这些东西其实是决定一个人的真正内在的一些东西，这些内在的东西可能不是你能够问得出来的，但是你确实能够感觉得出来。

所以这个时候的首因效应并不是一个迷信，它不是以貌取人的意思，而是你在有深厚的个人阅历、经验积累的背景下，庞大的数据库的基础上，你是可以快速判断一个人的，这就是我们经常所说的"阅人无数"的境界。

当然，如果你没有足够的经验和大数据，要做的就是好好的先积累，需要靠时间来修炼和沉淀。

9.1.3 如何避免"首因效应"带来的影响

首因效应虽然有其非常大的影响和一定的合理性，但作为 HR 在日常招聘面试及用人管理中，需要根据实际情况来综合判断，而不能仅凭个人的想法、喜好和感觉行事。

因为 HR 的身份和职业的关系，如果给企业招聘了不合适的人，会带来很大的负面影响，并且在后期的管理中也容易出问题，所以在管理学中首因效应有其负面的影响。

（1）延长面试时间。

需要有意识地去避免这种情况的发生，在过程中不断警示自己切勿过早地做出判断。一般来说，面试进行到 30 分钟以后再做出判断的成功率远高于 30 分钟内做出判断的成功率。

曾经我面试过一名大学生，她当时的穿着就不太得体，上身穿了一件花色的旗袍，下身穿牛仔裤，整个人显得不那么干净利索，面试开始时她的语速较快，并且用了一些不恰当的词汇。当时我对她的印象并不是很好，但是在接下来的面试中通过更多沟通发现她做事的条理性非常好，责任心也非常强，很符合当时岗位的胜任力的要求，所以整场 30 分钟的面试下来，她得到了较高的分数。

（2）多种手段综合评估。

人是最难看透的，甚至有时连自己也看不懂自己的一些行为。所以通过多种手段来预测才有可能做出客观的评价和决策。

而对于预测的工具有很多，每一种工具有它的优势，但每一种工具无法保证百分百的准确性，比如有统计表明：图形学（如笔迹预测性格等方法）评估取值在 2/100；受教育的年限预测效度是 10/100；个人性格的一致性预测，效度为 30/100；认知能力测试（智商测试）、工作样本测试在

50/100 ~ 60/100（算是比较高的预测效度值了）。

并且一个员工的绩效不仅取决于其个人，还有其他影响因素，比如同事、下级、直属上级、公司规则流程、组织激励系统、组织经营环境等有关。所以效度 100 是不可能的。

表明错误决策是合理存在的，HR 不可以仅凭第一印象取舍，而应该既听其言，观其貌又查其行、考其绩，包括后期的背景调查、使用适合的预测效度更高的方法及工具等通过多种手段来进行综合评价，做出录用决策的积极影响要大得多，帮助组织做出更多最佳录用决策的概率就会更大。

（3）增加个人底蕴和积累，加强专业技能。

同样也因为人的复杂性，运用工具和科技手段是必需的。但就像强大的人工智能无法完全取代人类或全部职业一样，对人的判断同样需要一些软性的知识技能和经验。

作为 HR，有几样核心的技能最为重要。

首先是本专业的技能，如面试的专业方法、测评工具的使用，以及招聘面试相关的其他模块的知识、所属企业的行业知识、业务产品知识，即了解企业与岗位相关的知识及其应用，这是基础。

其次是心理学，了解人的心理动态、行为习惯表现出来的潜意识、意图及行为动机。了解人性，学会洞察人性，无论是对招聘面试还是后期的用人管理也是很有帮助的，这是跨学科领域的技能学习。

最后，无论是 HR 还是管理者，要怀抱一颗公正、客观、正向的品质和价值观。就像某句话说的："你是什么样的人，就会吸引什么样的人"。一个有着正确的价值观，有着宽容同理心，有着豁达和成就他人的胸怀，才能更客观地看人，更好地用人。

9.2 "超限效应" 的具体表现及规避方法

在日常的招聘面试中，会出现下面这种场景案例。

一个求职者在面试中侃侃而谈，本来作为面试官一开始觉得对方不怯场，沟通能力较好，但当对方依然说话滔滔不绝时，和求职岗位相关度也不大，作为面试官你也插不进去话的时候，就会对对方产生不好的印象。

如果一个不修边幅的求职者很难给面试官一个好的印象，但一个浓妆艳抹，打扮过度时尚的人选同样会让面试官印象不佳。

同样，对于一个 HR 或面试官来说，如果采用压力面试不当或过度营销求职的岗位，也会产生适得其反的效果。

这是为什么呢？

9.2.1 什么是"超限效应"

这个效应来源于一位名人的真实经历。

美国著名作家马克·吐温有一次在教堂听牧师演讲。最初，他觉得牧师讲得很好，使人感动，准备捐款。过了 10 分钟，牧师还没有讲完，他有些不耐烦了，决定只捐一些零钱。又过了 10 分钟，牧师还没有讲完，于是他决定，1 分钱也不捐。到牧师终于结束了冗长的演讲，开始募捐时，马克·吐温由于气愤，不仅未捐钱，还从盘子里偷了 2 元钱。

这种刺激过多、过强和作用时间过久而引起心理极不耐烦或反抗的心理现象，称之为"超限效应"。

心理学家将产生超限效应的逆反心理定义为人们为了维护自己的利益，而与他人的要求产生相反的态度和行为的心理。逆反心理会经常、反复的发生，有时会使你产生偏于正常思想的行为。

9.2.2 "超限效应"的具体表现

（1）有些面试官面试时倾向说得过多，说得过多有什么弊端呢？

一方面是因为面试时间是有限的，如果面试官说的过多，就没有更多时间去考察求职者。

另一方面面试官说的过多，就有自我推销的嫌疑，如果候选人是一个不太喜欢话特别多的性格，这样的面试官很难吸引到对方，甚至让他产生反感。

（2）让求职者等待时间过久。

比如面试的那天老板突然有事情出去了，或者面试官正在开会，然后把候选人晾在一边，或是等待得太久，那一般优秀的人可能就直接走人了。所以针对这种情况，像华为、微软他们招聘流程中就有一项规定，如果是遇到需要面试，那正在开会的人不需要经过申请，是可以直接出去面试的，这也是唯一一条例外的规定。

因为他们的价值观是外部客户要比内部客户重要，这也是他们重视面试的体现。

（3）面试结束以后迟迟没有面试反馈。

尤其是录用的人，因为有些公司的面试录用流程比较长，正常一般在一周内，如果超出两周以后，你给候选人打电话，基本上对方要么已经选择其他家公司了，要么即使没有上班，但是感受也不好。

（4）有些面试官，面试时喜欢高高在上，喜欢运用压力面试。

我之前就遇到过一次，一家非常知名的企业，去了之后，让我稍等一下，这一等就是近一个小时，好不容易面试官来了，既没有向我道歉，脸上也没有笑容，开口就是压力面试，全程沟通的风格也是咄咄逼人。

当时我就很没有好感，草草结束了面试。

这种超限效应反映了面试官的沟通风格较为强势，比较自我，当然很多时候往往并不是面试官刻意做出来的表现，而是不经意的一种行为习惯，但这些细节其实非常重要，因为它会直接影响面试的最终结果，会影响后候选人对公司的看法和他的选择。

9.2.3　如何避免"超限效应"带来的影响

（1）须脑中有"念"：明确面试的目的，面试官只有通过更多发问让求职者做更多描述或倾诉，才能收集更多求职者的信息用于判断。喜欢说话的面试官在面试的时候就要收一点，或者让同行的面试官要适时的提醒一下自己。

（2）须眼中有"人"：面试官要善于换位思考，不能以自我为中心，也不能以企业为中心，无论面对什么样的求职者，无论招聘什么样的岗位，都应有足够的尊重、友好和同理心，提前做好面试的充分准备工作。

（3）须心中有"度"：欲速则不达，面试官面试时不要过于急躁，心态平和，沉稳谨慎，同时正确使用"压力面试"。

这里要特别强调一下压力面试的运用。过度的压力面试也会产生超限效应的负面影响。

我们大多数面试官是这么来提问的："从经历看，你的性格比较抑郁、悲观，不适合我们的工作。"

候选人内心是这样的："抑郁、悲观？凭什么这么说我，你依据是什么？"

因为人对外界给到的负面的东西天然会有本能的排斥。

"请你谈谈你一些失败的职业经历。"

候选人内心的是这样的："失败经历？你是想了解什么呢？"

对陌生的不了解的人或还没有建立安全感的时候，人都是有本能的戒备心理的。

所以，这样的提问方式和内容，不仅让人很反感，也无法评测对方是否具备很好的应变能力和抗压能力。

换一种方式提问效果则更好。

"您觉得您应聘的这个岗位，需要一个什么样性格的人更合适？目前我觉得您的性格似乎不太符合，您自己觉得呢？为什么？"

既有压力点，也有让候选人发挥个人想法的空间，看对方如何评价自己和这个岗位，以及两者之间的关联。

通过这种方式，有一定压力，但不会让候选人反感，同时通过这样的提问方式，既让对方有更多表达的空间，也可以挖掘到对方更多信息。

9.3 "近因效应"的具体表现及规避方法

工作中有这么一个场景,有一个员工,他平时上班可能一周会迟到早退几次,工作也不是那么用心。可是到了年底前的最后两个月,他表现特别积极,每天加班到很晚,而且经常在晚上 11 点、12 点给老板发邮件,让老板产生一种错觉,认为他工作很努力,每天干到很晚。

其实老板根本不知道,在年初的 10 个月,他其实每天都下班很早也从来不加班。可是老板的记忆力可能没那么好,他只记得当下这个人表现很好,于是他就给这个员工评估打了一个很好的分数。

包括我们在招聘面试中,对于候选人近期所从事的岗位工作内容及表现尤为关注。如果对方将最后一份工作描述得很好,可能你就误以为对方是自己需要的人,是适合岗位的。

但评估候选人与岗位的匹配度其实是多方面的,个人能力的养成也并不仅仅是源于近期工作得到的提升,而和这个人整体的工作经历是相关的。

那我们为什么会有这种心理的倾向,以及如何避免这种不客观的情况发生呢?

9.3.1 什么是"近因效应"

这个在管理学中叫做近期效应。也就是说你其实不大记得他以前做了什么,你只记得他当下做的事情。

为什么会有这个偏差出现呢?一个说法,说鱼的记忆只有七秒钟,那人的记忆呢?肯定比这个长一点,但也一定是有时间限制的。比如我现在让你回忆你三年前做的事是什么,你一定只记得那些很特别的事情,而且这几个特别的事情似乎也花不了太长的时间,你回忆起来,自己一年难道只做了这么几件事?最后你发现竟然是真的。别说是三年前,就算你回忆一年前的事情,你也很难回忆起来说这一年做了哪些事。

所以这是我们人的大脑记忆曲线所导致的,关于人的记忆和遗忘能力,有一个很著名的理论，即艾宾浩斯遗忘曲线理论。如下图所示。

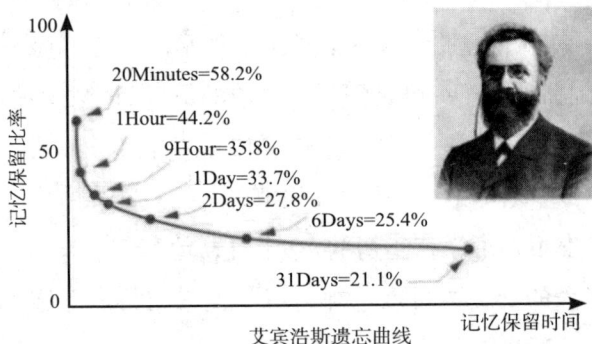

艾宾浩斯遗忘曲线

研究发现，遗忘在学习之后立即开始，而且遗忘的进程并不是均匀的。最初遗忘速度很快，以后逐渐缓慢。

正因为记忆会随着时间慢慢消退，人们对较长时间前的事情记忆不深，就会习惯或依赖近期的记忆进行判断和评价。但这明显往往是不客观的，尤其是在日常的员工管理绩效评价中。

9.3.2 如何避免"近因效应"带来的影响

那如何来解决这个近期效应呢？解决近期效应有 4 种方法。

（1）要用事实说话，而不是感觉。

我们所有人讲话其实都是讲感觉的，但是在面试的时候，恰恰不能用感觉，而应用事实来评估。怎么让一个事情从感觉变到事实，这里有很多的技巧，其中一个最简单的技巧就是：你能不能举个例子？所谓举个例子就是把他的感觉变成一个事实的东西。比如你想了解候选人招聘的能力，那你就可以提问对方上一份工作一个月或一个季度共招聘了多少名员工，分别是什么样岗位，当时的招聘任务是多少，通过哪些方法和渠道达成这个目标的，如何达成的。

当对方能够条理清晰地告诉你当时的过程和最终达成的数据时，依据对方提供的数据和整体表现你判断对方招聘能力强，某种程度上才表明这不是通过自己的主观感觉，而是有关键信息和数据支撑的。

那这就是事实和感觉的区别。当你学会了用数据来评估，而不是用感觉来评估的话，那你基本上是可以消除这个近期效应的一些影响。

（2）加强数据的采集和整理。

当我们了解到运用数据可以让我们更客观地做出评价，那前提是我们要有数据。比如在面试之前，我们对候选人的简历进行分析的时候，我们需要更为关注那些定量的内容，如对方任职的工作年限、每家公司的在职时间而评估对方的稳定性，从对方的年龄、受教育与培训的次数来分析对方的学习力，以及有没有一些通过数据体现的业绩展示。也就是这些定量的内容才能支撑我们更容易有一个预判，而不是定性的内容，比如自我评价、单纯地描述一件事情，很难看出来对方的能力。

这也要求 HR 在面试过程中，有意识地去引导候选人提供这些我们需要的关键信息，加强关于对方过往绩效表现的数据或信息的采集。能量化的时候量化，不能量化的通过 SMART 原则引导对方阐述，我们再进行逻辑推理，对这些内容进行整理和验证，才能相对提升我们对人的判断。

（3）缩短评估周期。

体现在招聘面试中，就是我们招聘一个岗位会有很多求职者，有时一天我们就会面试几十人。试想，如果我们当天不对这些人选进行信息的整理，提取关键点，交流意见的话，过几天可能就记得不那么清楚了，或是会遗忘一些关键的重要信息，可能就会以印象最为深刻的或是面试官的个人喜好来进行选择录用，这是不客观的。

所以，面试完毕以后，及时做出面试的评估，将关键的信息、要点和自己当时观察和沟通的感受及意见书面记录下来。

同样，对于员工的绩效评估也是越短越好，比如试用期评估，不是等到试用期结束了才评估，而是至少每月要有一次评估，除了规避"近因效应"也是通过及时评估和评价做到及时发现问题，及时纠偏和改善。

（4）采用 360 评估法。

为什么面试一个人，需要有多位面试官，除了公司的面试流程和要求的规定，还有一个原因就是一个人准确判断的能力是有限的，而多个人共同交流看法达成一致后的判断相对会更可靠。通俗地讲，就是一个人看错一个人容易，而一群人都同时看错一个人的概率则是比较低的。

所以，为了避免这样的情况出现，HR 在面试中不仅要有自己的判断和意见，也要多听取用人部门的看法，尤其是经验丰富的面试官，对方是如何看待这个人，优势是什么，不足是什么，和自己的想法是一致还是有不同，不同在哪里，为什么？

这其实不仅是让 HR 和用人部门达成统一意见的过程，也是一个很好的互相学习和交流的过程。因为有参与了，即使最后发现人选错了，至少也不是 HR 一个人或一个部门的失误。

同样，不光是面试，对于员工的绩效评价，有些公司会采取 360 的评估，也是为了避免一个人的决策带来的不公正、不客观或失误的情况。通过这个人的上级、下级、同级甚至客户的评价来进行综合判断，包括我们在面试之后的背景调查环节，全面地了解一个人，尤其涉及重要岗位，此评估法更为客观。

但这也不代表人越多越好，如果人过多，也会造成意见很难统一，就会存在很难做出录用决策，或延迟录用决策的问题，同样会对人才选拔和吸引不利。

并且，选择参与评价的人也是要注意，选择那些对公司及岗位情况熟悉，对公司价值观认同，个人品行端正，绩效表现良好的人，这是前提。

9.4 "晕轮效应"的具体表现及规避方法

工作中会有这样的情况，比如你带一个团队，团队里有一个下属，你交办的任何事情他总是率先完成，然后你就会放大这一点，觉得他就是一个执行力很强的人，但往往这个人在与其他部门工作的配合上执行不到位。

当你看到另一个下属很有自己的想法，甚至有时候还会当面顶撞你，你就认为这个下属不好管，或对你这个上级有意见，甚至是不喜欢你，而忘了对方可能只是一个很有主见, 有自己的原则, 也能看到问题本质的人。

我们在筛选简历的时候, 如果看到对方毕业于 985 或 211, 或是在知名企业任职过, 就容易认为对方的能力比其他人优秀, 以及在面试的时候, 如果一个人非常会察言观色善于沟通, 一个人相对内敛冷静, 你可能就会认为前者更热情和自信。

这就是因为看到一个人的亮点或不足, 而对其产生了好的或不好的主观断定, 但事实可能并非如此。

9.4.1 什么是"晕轮效应"

上述的案例反映了一个人惯有的心理倾向, 即"晕轮效应"。"晕轮效应"是心理学的一个专有名词, 又称"成见效应""光圈效应""日晕效应", 它指在人际知觉中所形成的以点概面或以偏概全的主观印象。即当认知者对一个人的某种特征形成了好的或者坏的印象之后, 他就倾向于用这一点来推测这个人其他方面的特征。

在看人的时候, 为什么我们会犯基本的错误? 那就是我们看到了他一个闪光的地方, 然后就忘了其他的地方。我们甚至忘了我们真正需要的是什么。作为管理者, 容易导致我们招错人, 用不好人。

这种以偏概全的主观心理臆测, 其错误有如下几个方面。

(1)它容易抓住事物的个别特征, 习惯以个别推及一般, 就像盲人摸象一样, 以点代面。

(2)它把并无内在联系的一些个性或外貌特征联系在一起, 断言有这种特征必然会有另一种特征。

(3)它说好就全都肯定, 说坏就全部否定, 这是一种受主观偏见支配的绝对化倾向。

总之, 晕轮效应是人际交往中对人的心理影响很大的认知障碍, 虽然这种心理倾向某种程度上讲是正常的, 但如果总是意识不到, 或如果不加以调整和有意识地规避, 就容易对一个人的认知和判断产生偏离正确方向的引导,造成错误的决策，从而影响我们的工作和生活。

9.4.2 如何避免"晕轮效应"带来的影响

那么怎么才能克服晕轮效应呢？有 3 个办法。

（1）全面考察、交叉验证。

比如面试中，这个晕轮效应容易导致我们因为看到对方某一个自己很喜欢的亮点，认为他就是我们要找的人，但往往会导致我们不会去看其他的方面，从而忽略一些其他更为重要的方面。

解决的最好办法就是多问，交叉验证。当然前期首先要清楚自己需要的是一个什么样的人，依据招聘的岗位，他需要具备哪些知识、经验和技能。当你对候选人的某些亮点非常感兴趣，也是你非常需要的，这个时候也不要高兴太早，更不能就妄下论断觉得他就是合适的人，而应该要做 3 个动作。

第一个动作是先验证亮点，即你看到的是不是就是属实的，还是对方伪装或善于表现出来的，你的结论需要有数据或相关信息的有力支撑，做到多方验证才可能是有效的。

第二动作再去看对方在岗位要求的其他方面是否符合和胜任，通过一些测评工具和专业的面试方法进行评测和沟通，尽量做到全面深入地考察。

第三个动作是将你的观察和意见与其他面试官或同事做一个交流，看彼此的意见有无分歧，哪些相同哪些不一致，为什么？从而更好地审视自己的分析和判断。

（2）用动态、发展的眼光看人。

为什么说看人难？哪怕是我们身边最熟悉的人，也容易对其产生错误的判断和认知。有些是因为晕轮效应的影响，还有就是我们觉得这个人我们太熟悉了，他就是这样的人。但随着时间的增长、环境和经历的不断变化，这个人也会随之发生很大变化。

这就像我们初中高中那些平时学习成绩不怎么样的人，往往日后却能成为老板，而当时那些学习优异的学霸让你羡慕不已的人，却最终过得非常平庸。

这就是人的成长性，也是一个人的复杂性所在。

所以我们在看人的时候，不能因为晕轮效应的存在，就觉得这是正常的，如果你刻意去避免，还是可以重构你的认知，且可以去做调整的，这个时候不仅提升你对人的判断，也会对个人的成长有很大帮助。

比如多挖掘对方的未知领域，工作之外还有生活领域、社交领域、才艺方面，所以多角度认证是很关键的，也许在某一领域，会彻底改变你对他的认知，会有不一样的发现。这也是为什么有些经验丰富的面试官通过看似普通的聊天，看似没有目的似的天南海北地与对方聊天，也能更好地了解一个人的道理。

所以这叫作用动态和发展的眼光看一个人，以消除晕轮效应的影响。

（3）避免循环论证。

什么叫循环论证？就是当我认为他是一个好人，那么他做任何事情我都会从好的角度去思考，所以就更加证明他是一个好人。如果我认为他是一个坏人，那我就会把他做的每一件事情，从动机到行为，都从坏的角度去思考，然后更加证明他是个坏人，这就是循环论证。

就比如你在面试的时候如果对方问了你好几个关于工资收入的问题，你就会不由地认为对方的求职动机是想找一份工资收入更高的工作，而他也是一个对工资期望过高的人。从而觉得对方不合适，而忽略了他的求职动机可能并不止一个。说得直白点，你如果一开始就认为人家是一个喜欢看钱的人，就容易找出很多理由认为对方就是这样的人，而不去挖掘对方其他的求职动机或真实的求职动机是什么。

基本上你一旦陷入这个误区，是很难走出来晕轮效应的，解决的办法就是不要预设任何立场，就事论事，要知道，凡事都有两种以上的动机！所以不可以用一种动机来解释所有的事情。

9.5 "相似效应"的具体表现及规避方法

我们在面试中，如果今天有两位求职者过来面试。一位和你来自同一个地方，并且在沟通中你发现彼此有共同的兴趣爱好，且对某一件事情的看法也一致。而另外一个人呢，没有这种情况。这个时候相比较而言，你是不是更愿意和前者交流，对前者更有兴趣，甚至可能就觉得对方挺适合的。

但往往这样的看法是没有依据，甚至是不理智的，对于求职者来说也是不公平的。因为无论是 HR 还是面试官，是作为公司的代表，来选拔适合公司某岗位的人才。而人才是否合适，更主要是看其与所招聘岗位的要求匹配度、与所在团队的匹配度以及与公司文化的匹配度。不是和你个人来做匹配，所以如果以你个人的直观感受、个人喜好来选拔人才，这不仅不专业，也会造成错误的录用决策，给公司带来可能的风险或损失。

正因为这是人的一种惯有的心理，并且经常会在招聘面试中遇到，所以更需要引起 HR 及管理者的重视。

9.5.1 什么是"相似效应"

上述的案例反映了一个人惯有的心理倾向，即"相似效应"。"相似效应"是当一个人表现出的与自己相似的经历、思想和行为，往往有更多的兴趣，对这样的人也易产生好感。

这就是所谓的"爱屋及乌"。当然这种心理效应并非都是负面的，它也有积极的作用和影响。比如我们找到和自己有共同兴趣爱好的做朋友，一起分享其中的乐趣，会很快乐；我们喜欢融入和自己价值观相同的圈子，会感觉更安全踏实；优秀的人更愿意与优秀的人在一起。

因为相似代表着零成本的被认可、被信任，觉得是属于同一类人，这是人的心理安全感的最主要需求。

但如果应用到招聘面试中，这种以偏概全的主观心理臆测，就会存在以下的一些问题。

（1）这种相似会左右你的判断，让你把眼光更多放在与你相似的地方，然后越看越顺眼，而忽略了对方的不足，以及其他更重要方面的考察。

（2）这种相似性会让你产生"既然和我相似，我是胜任公司岗位，认可公司价值观的好员工，那这个人也会是一样的，所以他就是合适的人选"这样的错误想法，因为你和所招聘的岗位不同，要求的能力素质是不一样的。即使岗位相同，也不能就此代表对方适合，因为适合是多方面的匹配。

（3）这种相似性还会造成一个管理者给公司及自己的团队招进来的都是和自己相同的人，而让团队及组织中的人员能力结构单一，风格单一，而无法产生能力互补和风格互补，以至于影响彼此的合作和高绩效的产生。

甚至，会有一些别有用心或面霸型求职者，因为了解到人的心理和面试官的这种倾向而去伪装类似的简历或经历，以及在面试中与面试官套近乎，以面试官喜欢的内容及方式来表现自己，就更容易让我们被蒙骗，而招聘到一个不合适的人，这不仅是一种失职，还有可能会给企业带来危害。

著名的《原则》的作者达利欧在书中提到过的自己的"痛的领悟"，"选人最大的误区：招自己喜欢、和自己相似的人。"

9.5.2 如何避免"相似效应"带来的影响

怎么才能克服相似效应呢？有 3 个办法。

（1）清晰和明确我们要什么人。

很多时候，我们招错了人不是因为我们看错了，也就是招进来的这个人很优秀，但并不适合目前的岗位，就会造成要么大材小用，要么对方最后选择离职。

出现这个问题的根本原因不是我们选人的眼光或存在的心理学效应造成的，而是对所招聘的岗位，真正需要什么样的人，并不清楚。也就是人才画像并不精准造成的。

如果前期没有很好地做岗位分析，没有提炼岗位的胜任要求，哪怕面试官能力再强，方法再正确，也很难招到对的人。一旦方向错了，越努力错的越离谱。

而且，当做好岗位分析，很清晰岗位的要求，但因为岗位的要求是多方面的，这个时候又需要我们去提炼哪几项最为关键的素质和能力是我们最优先想要的，这就需要做一个排序。

比如书中达利欧分享了桥水选人的优先次序：价值观最为重要，能力其次，技能是最后要考虑的。经过进一步细化，他总结为"3C"，即品格（Character）、常识（Common sense）、创造力（Creativity）。

每家企业的要求不同，但首先有岗位分析和岗位胜任素质能力要求的提炼。当企业明确了这些，就是给面试官一个明确的选拔人才的方向和模子，从而一定程度上去牵引着面试官往正确的方向探索，规避一些不正确的行为方式，比如相似效应。

（2）多样化手段进行人才选拔。

HR 在面试选拔人才时，为了避免以偏概全或主观印象，除了通过正常的面试沟通，更需要配合一些辅助的手段，如通过相应的测评工具来实现对人的科学综合判断。

比如以下这几种方面的测试。

样例测试（测试效度为 29%）：预测某人在工作中的表现，安排应试者完成一项与其将要负责岗位工作中类似的工作样例，评估他的表现。

认知能力测试（测试效度 26%）：与 IQ 测试题目类似，有明确的正确或错误的答案，有效预测工作表现是因为一般认知能力包括学习能力，而高智商与学习能力的结合足以使大多数人在大部分工作中取得成功。

结构化测试（测试效度 26%）：应聘者在面试中将被问及一系列问题，这些问题都有明确的标准，对其应答质量进行评估。主要有行为测试和情境测试。行为测试要求应聘者讲述过去的成就，并将其与当前工作的要求做对比；情境测试会虚拟一个与工作相关的场景，评估应聘者所讲背后的诚实可信性和思考过程。

虽然每一个单一的测评方式的测评效度也是有限的，但如果综合运用，进行一些合理的组合比单一的评估技巧要更有效，这样当你通过主观面试觉得这个人选很好，如果再运用一些测评工具发现这个人存在一些可能的问题，就会引起你的重视，更为慎重地区思考和做出最终的判断。

（3）建立面试录用决策委员会。

在实际的面试中，可能会出现用人部门因为相似效应而非常看好某一个人或某类人，但 HR 可能会觉得不一定合适。但往往用人部门尤其是业务部门会比较强势，这个时候怎么办？

现在有些企业会建立一些决策委员会，比如绩效管理委员会、人才晋升评估委员会、面试录用决策委员会。企业会根据企业最为重视的活动建立相应的委员会，因为即使是老板，也会有看走眼或做出错误决策的时候。只要是人就会犯错，而多人组成的委员会就可以在某种程度上讲这种因决策失误造成的风险降到最低。当然前期是委员会的成员在选拔时需要选择合适的人，同时数量也不能过多。

通过将面试流程标准化，面试过程标准化等方式就可以避免因相似效应而出现"一言堂"的情况。

第 10 章

获 悉 这 些 心 理 学 密 码， 轻 松 助 力 你 的 管 理

作为 HR，尤其是负责招聘工作，更多是围绕人而展开的工作。一个经验丰富的面试官之所以让你觉得对方很懂你，你也容易被对方的一些观点所说服和影响，前提是因为他懂得人的基本心理状态和需求，善于运用一些策略来引导你而获得了你的好感。

所以，懂人性，懂人心，无论是识别人才、管理人才还是建立良好的人际关系都是非常有帮助的。

10.1 面试当中的心理策略

为什么企业在面试不同岗位的时候，对于面试官是有选择的。比如一般面试一个经理岗位，作为一个专员或主管其实是没有资格去面试的，或很难做到有效地识别。同样，一个经理面试一个专员，哪怕这个专员能力再强，想要忽悠经理相对也没那么容易。

一方面是因为能力不对等，另一方面是因为面试其实也是一场心理的博弈。也就是谁在这场面试中经验更丰富、更老道，气场更强大，谁就能获得优势地位，气势上就能压倒对手，心理上先胜一分。这个时候即使没有采用测评工具，通过面谈的"交锋"，一些徒有其表的伪人才就会自己暴露出来。

营造这种气势，一方面与个人有关，另一方面也和外在环境有关。比如说选择你熟悉的地方，为自己增加胜算。如果你是面试官，那当然你是希望他来到你的办公室，这是你的地盘，你可以做主的地方。但如果你是被面试的人，他当然希望可以去楼下的一个咖啡馆之类的地方，然后如果谁早到一点，占据一个有利的地形，比如面向门的位置就会比较占优势。

包括座位也有讲究，尽量避免面对面的坐姿，因为这是一个对抗意味很浓的心理暗示。如果是面试官，你可以把你的椅子调高一点，这样的心理暗示就是你更具有权威。当然，如果是作为被面试的人就会尽量避免这样的场景出现。

这就是外在环境和形势对人的心理造成的潜在影响。很多外在的因素都会影响一个人的心理状态，比如声音、色彩、空间感。即如果面试的场地太吵，环境空间比较压抑，或色彩过于绚丽多样等都会对面试效果造成一定的影响。

所以，对于一场面试，尤其是重要的面试，我们需要选择好合适的面试官，同时占据到有利形势，并且提供一个安静、舒适、放松的环境，考虑到一个人正常的心理状态和需求，才能促进更好地沟通。

10.2 怎么赢得对方的好感

HR 在面试的时候，尤其遇到我们觉得非常不错的人选时，想让对方加入公司，除了要让对方信任你信任公司，如果他对你和公司有好感，那他自然选择该公司的概率就更大。

而往往一个候选人选择一家公司有很多客观上的原因，比如离家远近、岗位实际收入、公司发展前景，但也和面试官有很大关系。如果你善于沟通，善于与对方建立信任的关系，善于赢得对方的好感，善于吸引人才，不仅能促进招聘达成，也能提升你在公司中的地位。

赢得好感的第一个成本较低、效果较好的方式就赞美，它是非常重要的一个金钥匙。你可以赞美他的个人经历，赞美他的学习心态，肯定他的能力。但前提是这个人是企业想要的人。因为每个人都从心底里都有希望被别人认同的需求。

第二是微笑，微笑能够打开他人的心扉，但不能是假笑。试想，如果你去面试，一个是一脸严肃甚至冷冰冰，居高临下的，一个是你一进来，对方就对你微笑并和你寒暄让你放松的面试官，哪个让你有好感就很明显了。

微笑代表着友好，代表着尊重，这是良好人际关系建立的前提。不仅能帮助 HR 与求职者建立良好的互动关系，也能让对方放松更好地发挥，还能让对方对你产生好感，从而对企业雇主品牌有一个正面的认知。

一个沟通互动的技巧，叫作先跟后带，就是永远不要说不，总是先跟随对方，然后再把对方带到你要去的地方，为什么要这么做？

试想，如果候选人回答了你的一些问题你都不是很认同你直接连说了几个不，会导致对方不再和你坦诚沟通，可能就出现伪装，而给出你想要的但不真实的答案，以及你的表现也会让对方产生反感，而影响面试体验。

西方有一个作家叫作卡耐基，是很有名的成功学大师，写了一本书叫《人性的弱点》，在这本书里面他讲了一个很重要的观点——什么是人性的弱点，他说人性的弱点就是：每个人都有当个重要人物的欲望。所以投其所好，发现对方的闪光点，微笑和赞美，还有记住他的名字等，这都是赢得好感非常重要的方式。如果你有不同意的意见，也不要直接反驳，而是先跟随对方，先表示同意，然后再带到你要去的地方。

10.3　你怎么去听到对方的心里话

首先当然是建立信任。没有信任作为基础，你是无法得到对方的心理密码的，建立信任的方式有很多种，比如寻找共同点，是否来自同一个地区、毕业于同一个学校、看过同一本书、认识同一个人，这些都是建立共同点的方式。

这在面试邀约中也可以运用，当你看到一份很不错的简历，但对方可能会很难约到，这个时候你就可以运用这个策略，在电话沟通中先抛出你们的共同点，让对方有共鸣，从而产生信任，再继续深入聊别的内容就轻松多了。

其次是让对方得到尊重。比如前面讲到的多微笑，以及求职者过来面试时做好接待，在交谈当中让对方占上风，适当的示弱等这些细节都可以让对方感受到你对他的尊重。

另外特别重要的是运用同理心技巧，来拉近彼此的距离，什么是同理心，比如面试沟通时你问到对方的离职原因，对方声称上一份工作因为个人买了新房，新家离公司离得太远所以不得不离职。不管你觉得对方这个理由是不是真实或合理，但你当时的反应是对他说"嗯，可以理解"的时候，对方就能从你这句话里感受到你的同理心。后面的交流也会容易展开，对方也会向你袒露更多他的内心想法。

最后还有一点，认真地做一名很好的听众和观察者，无论是面试者还是候选人，对你的策略来讲都是一样的。多倾听善于倾听也能让对方对你产生好感，还能让你发现更多有价值的内容。再结合你对候选人语言之外的动作以及表情的观察，因为这也能反映他内心心理状况，来综合评判会更有效。

10.4　你怎么去打破对方的心理防线

为什么说面试也是一场心理博弈，因为很多谈话本身就是攻防双方的心理较量。所以如何打破对方的心理防线至关重要。

首先是要抓住重点，找到对方的重大关切，核心诉求是什么，喜欢什么，担心什么。通过适当地引导，加上足够的耐心，以及适当地运用压力面试。

其次是转移话题，让对方顺着自己，这是个不错的策略，不按对方的套路出牌，这个时候你的能力和气场就要相对高于对方，你就可以占据主动。

最后，适当使用沉默的技巧，沉默可以打败对方的精心准备。如果你想终止对方谈话，视线不要看对方，但是看手表是个太明显的信号，可以稍微看下别处。还有就是反驳的时候要善于利用他 / 她的破绽，或者将错就错，使他的思路混乱等。

10.5 赢得合作的策略

最重要的策略是利他思维，合作一定是双赢的才能持久，能让对方同意合作是因为对方可以通过合作得到好处，舍此无他。

另外一个巧妙的方法是让对方说"是"，不要给他说"不"的机会，通过一系列的"是"来达到目的。中国古代《战国策》中有个很精彩的例子，是触龙游说赵太后的典故，秦国要攻打赵国，赵国求救于齐国，齐国要求赵太后把她的小儿子长安君作为人质送过去，赵太后不答应，没有人可以说服她，触龙就通过一系列的提问，那每个答案都是"是"。比如说你是不是爱你孩子，她说是。你想不想让你的孩子取得更大的成功，她说是。所有的这种是最后就得出一个结论，她是应该把孩子送回去做人质的。

还有交谈中说"我们"比说"我"更重要。我们意味着利益共同体，容易达成一致，所以交谈中把虚名让给别人，让对方得到他要的东西，还有恰如其分的显示自己的才能，以及利用权威效应引导对方的态度和行为。这些都是我们在面试当中可能会看到的一些心理密码。

面试和被面试，本质上是双方的心理活动的较量。作为 HR，需要了解人的任何行为和语言背后都有其心理密码。看人的时候，对方的心理活动能否被识别远比对方口头上表达的重要。掌握这些心理密码，了解语言和行为背后的含义，防止自己误判，这对于看准人至关重要。